suhrkamp taschenbuch
wissenschaft 2381

Gewaltlosigkeit wird häufig als eine Praxis der Passivität verstanden, welche die ethische Einstellung sanftmütiger Einzelpersonen gegenüber existierenden Formen von Macht reflektiert. Dieses Verständnis ist falsch, wie Judith Butler darlegt. Denn Gewaltlosigkeit kann durchaus eine aktive, ja aggressive Form annehmen. Mit Freud und Benjamin macht sie deutlich, dass wir grundsätzlicher fragen müssen: Wer sind wir und in welcher Welt wollen wir leben? Butlers kraftvolle Antwort lautet: in einer Welt radikaler sozialer Gleichheit, die getragen ist von der Einsicht in die Abhängigkeiten und Verletzlichkeiten menschlicher Existenz. Diese Welt gilt es, gemeinsam im politischen Feld zu erkämpfen – gewaltlos und mit aller Macht.

Judith Butler ist Maxine Elliot Professor für Komparatistik und kritische Theorie an der University of California, Berkeley. Im Suhrkamp Verlag sind zuletzt erschienen: *Die Macht der Geschlechternormen und die Grenzen des Menschlichen* (stw 1989) sowie *Anmerkungen zu einer performativen Theorie der Versammlung* (stw 2258).

Judith Butler

Die Macht der Gewaltlosigkeit

Über das Ethische im Politischen

Aus dem Amerikanischen von Reiner Ansén

Suhrkamp

Die Originalausgabe erschien erstmals 2020 unter dem Titel
The Force of Nonviolence. An Ethico-Political Bind bei Verso

Klimaneutral
Druckprodukt
ClimatePartner.com/14438-2110-1001

Erste Auflage 2023
suhrkamp taschenbuch wissenschaft 2381

Umschlag nach Entwürfen
von Willy Fleckhaus und Rolf Staudt
Druck und Bindung: C. H. Beck, Nördlingen
Printed in Germany
ISBN 978-3-518-29981-4

www.suhrkamp.de

Inhalt

Danksagung 9

Einleitung 11

1. Gewaltlosigkeit, Betrauerbarkeit und die Kritik des Individualismus 41

2. Das Leben der anderen bewahren 89

3. Ethik und Politik der Gewaltlosigkeit 133

4. Politische Philosophie bei Freud: Krieg, Zerstörung, Manie und das kritische Vermögen 189

Postskriptum: Gefährdung, Gewalt, Widerstand – noch einmal durchdacht 225

Namenregister 249

Je mehr Raum Waffengebrauch, körperlicher Zwang oder nackte Gewalt einnehmen, desto weniger Raum bleibt für Seelenstärke. *Mahatma Gandhi*

Die Entscheidung fällt heute nicht mehr zwischen Gewalt und Gewaltlosigkeit. Die Wahl ist die zwischen Gewaltlosigkeit und Nichtsein. *Martin Luther King, Jr.*

Das Erbe (der Gewaltlosigkeit) ist kein individuelles, sondern ein kollektives Erbe zahlloser Menschen, die sich zusammenschlossen und erklärten, dass sie sich den Kräften des Rassismus und der Ungleichheit niemals unterwerfen würden. *Angela Davis*

Danksagung

Ich danke den Zuhörerinnen und Diskussionsteilnehmern, die frühere Versionen der Kapitel dieses Buches bei den Tanner Lectures an der Yale University 2016, den Gifford Lectures an der University of Glasgow 2018 und den Cuming Lectures am University College Dublin 2019 gehört haben. Ebenso danke ich der Zuhörerschaft und den Kollegen und Kolleginnen für ihre kritischen Beiträge am Centre de Cultura Contemporània de Barcelona, an der Universität Zürich, der Sciences Po in Paris, der Meiji University in Tokyo, der Free University of Amsterdam, dem Institut für Philosophie und Gesellschaftstheorie der Universität Belgrad, dem Institute for Critical Social Inquiry an der New School for Social Research, WISER an der University of the Witwatersrand, der Konferenz Psychology and the Other in Cambridge 2015 und bei den Versammlungen der Modern Language Association 2014. Ganz besonders möchte ich mich auch bei meinen Studierenden an der University of California, Berkeley, sowie den Kolleginnen und Kollegen des International Consortium of Critical Theory Programs bedanken, die mein Denken geschärft haben. Wie immer danke ich Wendy Brown für die so angenehme Gesellschaft ihrer Intelligenz und für ihre unermüdliche Unterstützung. Ich widme dieses Buch einer für die UC Berkeley kostbaren Freundin und Kollegin, Saba Mahmood. Sie hätte meiner Argumentation hier gewiss widersprochen, und ich hätte diese Diskussion gern mit ihr geführt.

Kapitel 2 und 3 sind überarbeitete und erweiterte Fassungen der Tanner Lectures von 2016 am Whitney Humanities Center der Yale University. Kapitel 4 erschien in einer früheren Fassung in Richard G. T. Gipps und Michael Lacewing (Hg.), *The Oxford Handbook of Philosophy and Psychoanalysis*, Oxford: Oxford University Press 2019.

Einleitung

Plädoyers für Gewaltlosigkeit treffen im gesamten politischen Spektrum auf Kritik. Auf der linken Seite ist mancher überzeugt, allein Gewalt könne radikale gesellschaftliche und politische Veränderungen bewirken, während andere die moderatere Auffassung vertreten, Gewalt solle zumindest als verfügbares taktisches Mittel für solche Veränderungen nicht ausgeschlossen werden. Sowohl für Gewaltlosigkeit wie für den instrumentellen oder strategischen Einsatz von Gewalt lassen sich Argumente vorbringen, jedoch lassen sich diese Argumente im öffentlichen Raum nur vertreten, wenn grundsätzlich Übereinstimmung darüber herrscht, was als Gewalt bzw. Gewaltlosigkeit zu gelten hat. Ein zentrales Problem für die Verteidiger der Gewaltlosigkeit liegt darin, dass die Begriffe »Gewalt« und »Gewaltlosigkeit« umstritten sind. So sind verletzende Äußerungen für die einen Akte der Gewalt, während andere der Auffassung sind, dass Sprache nur im Fall expliziter Drohungen als »Gewalt« im eigentlichen Sinn gelten kann. Wieder andere möchten den Begriff der Gewalt restriktiver handhaben und den versetzten »Schlag« als entscheidendes physisches Moment des Gewaltakts verstehen, während wieder andere darauf beharren, dass wirtschaftliche und rechtliche Strukturen »gewaltsam« sind und auf Körper einwirken, auch wenn diese Einwirkung nicht in jedem Fall die Form physischer Gewaltakte annimmt.

Tatsächlich drehen sich manche zentralen Debatten bezüglich der Gewalt unausgesprochen um dieses Bild des Schlags, wobei angenommen wird, dass Gewalt etwas ist, das sich zwischen zwei Parteien in einer hitzigen Begegnung abspielt. Ohne die Gewaltsamkeit des physischen Zusammenpralls infrage zu stellen, lässt sich indes durchaus sagen, dass soziale Strukturen oder Systeme – unter ihnen der systematische Rassismus – gewaltsamer Natur sind. In manchem Fall ist der physische Schlag gegen Kopf oder Körper tatsächlich Ausdruck systemischer Gewalt, und hier muss man den Bezug des Aktes zur Struktur oder zum System begreifen. Um strukturelle oder systemische Gewalt zu verstehen, muss man über bloße Berichte hinausgehen, die uns eher daran hindern zu verstehen, wie Gewalt funktioniert, und man braucht auch einen weiter gefassten Rahmen als den mit zwei Beteiligten, von denen einer schlägt und der andere geschlagen wird. Erklärungen von Gewalt, die dem Schlag selbst, dem Akt des sexuellen Übergriffs (bis hin zur Vergewaltigung) nicht Rechnung tragen oder die mögliche Gewalt in intimen Zweierbeziehungen oder in der direkten Begegnung nicht verständlich machen können, sind natürlich deskriptiv und analytisch zum Scheitern verurteilt, wo es darauf ankommt, die Gewaltfrage wirklich zu klären, das heißt zu klären, wovon genau wir sprechen, wenn wir über Gewalt und Gewaltlosigkeit debattieren.[1]

Es scheint ganz einfach, sich gegen Gewalt auszusprechen und anzunehmen, damit sei die eigene Position zu dieser Frage geklärt. In öffentlichen De-

1 Vgl. »The Political Scope of Non-Violence«, in: Thomas Merton (Hg.), *Gandhi: On Non-Violence*, New York 1965, S. 65-78.

batten ist der Begriff der Gewalt aber nicht eindeutig festgelegt, seine Semantik unterliegt Vereinnahmungen, gegen die man sich wehren muss. Für Staaten und Institutionen ist in manchen Fällen jeder Ausdruck abweichender politischer Überzeugungen und jede Opposition gegen den Staat oder die Autorität der betreffenden Institution ein »Gewaltakt«. Demonstrationen, Protestlager, Versammlungen, Boykotte und Streiks werden als »gewalttätig« bezeichnet, auch wo ihre Verfechter gar keine physische Gewalt anwenden und sich auch nicht auf die genannten Formen systemischer oder struktureller Gewalt beziehen.[2] Wo Staaten oder Institutionen diese Haltung einnehmen, versuchen sie, gewaltlose Praktiken als gewaltsame hinzustellen, und führen damit gleichsam einen politischen Krieg auf der Ebene der öffentlichen Semantik. Wird eine Demonstration für Meinungsfreiheit, die ebendiese Freiheit ausübt, als »gewalttätig« bezeichnet, dann nur, weil die die Sprache missbrauchende Macht durch Verunglimpfung ihrer Gegner ihr eigenes Gewaltmonopol sichern und zugleich den Einsatz von Polizei, Armee oder Sicherheitskräften gegen diejenigen rechtfertigen will, die ihre Freiheit ausüben und verteidigen wollen. Der Amerikanist Chandan Reddy argumentiert, dass die liberale Moderne der Vereinigten Staaten den Staat als Garanten der Freiheit von Gewalt betrachtet, der zugleich grundlegend von Gewalt gegen ethnische Minderheiten und gegen alle Völker abhängt, die als irrational und außerhalb der nationa-

2 Einen Überblick über gewaltlose Aktionsformen gibt Gene Sharp, *How Nonviolent Struggle Works*, Boston 2013.

len Norm hingestellt werden.[3] Nach seiner Auffassung gründet der Staat in rassistischer Gewalt und übt diese Gewalt nach wie vor systematisch gegen Minderheiten aus. Rassistische Gewalt soll so der Selbstverteidigung des Staates dienen. Wie oft werden in den Vereinigten Staaten und anderswo People of Color auf der Straße oder in ihren Häusern und Wohnungen von der Polizei, die sie festnimmt oder erschießt, als »gewalttätig« bezeichnet, auch da, wo diese Personen gar keine Waffen tragen, und selbst da, wo sie einfach weggehen oder weglaufen, sich beschweren wollen oder einfach nur tief schlafen.[4] Es ist schon sehr merkwürdig und empörend zu sehen, wie Gewalt unter solchen Umständen gerechtfertigt wird; diejenigen, auf die sie abzielt, müssen als Bedrohung, selbst als Träger realer Gewalt dargestellt werden, damit tödliche Polizeieinsätze als Selbstverteidigung erscheinen können. Hat die fragliche Person überhaupt nichts sichtbar Gewalttätiges getan, galt sie vielleicht einfach nur als gewalttätig, als gewalttätige *Art* von Person oder schlicht als Verkörperung reiner Gewalt. Diese letztere Behauptung verrät meistens Rassismus.

Was sich also zunächst als moralische Auseinandersetzung für oder gegen Gewalt darstellt, wird schnell zu einer Debatte darüber, wie Gewalt definiert ist und

3 Chandan Reddy, *Freedom with Violence: Race, Sexuality, and the US State*, Durham, NC, 2011.

4 Statistische Angaben zu als »gerechtfertigt« geltenden Tötungen von Afro-Amerikanern durch Polizeikräfte finden sich in »Black Lives Matter: Race, Policing, and Protest«, Wellesley Research Guides, <libguides.wellesley.edu/blacklivesmatter/statistics>.

wer als »gewalttätig« eingestuft wird – und in welcher Absicht. Wenn sich eine Gruppe Menschen zusammenfindet, um gegen Zensur oder mangelnde demokratische Freiheiten zu protestieren und wenn diese Gruppe als »Mob« bezeichnet oder als chaotische oder destruktive Bedrohung der sozialen Ordnung betrachtet wird, bedeutet das zugleich, dass sie als tatsächlich oder potenziell gewalttätig gilt mit der Folge, dass der Staat sein Einschreiten als Verteidigung der Gesellschaft gegen eine gewaltsame Bedrohung rechtfertigen kann. Folgen darauf Gefängnis, Verletzungen oder Tötungen, ist diese Gewalt Staatsgewalt. Staatliche Gewalt können wir als »Gewalt« auch dort bezeichnen, wo sie kraft eigener Macht andere Positionen bestimmter Gruppen als »gewalttätig« kennzeichnet. So lässt sich eine friedliche Demonstration wie die im Gezi Park in Istanbul 2013[5] oder ein offener Friedensappell wie der 2016 von zahlreichen türkischen Akademikern unterzeichnete[6] effektiv als »Gewaltakt« nur darstellen, wo der Staat über seine eigenen Medien verfügt oder die Medien weitgehend kontrolliert. Unter derartigen Bedingungen gilt dann die Ausübung des Rechts auf Versammlungsfreiheit als »Terrorismus«, was wiederum staatliche Zensur, Polizeiknüppel und Tränengas, Kündigungen, unbefristete Inhaftierungen, Haftstrafen und Exil nach sich zieht.

Die Lage wäre einfacher, könnte man Gewalt eindeu-

5 Vgl. »Gezi Park Protests 2013: Overview«, in: University of Pennsylvania Libraries Guides, <guides.library.upenn.edu/Gezi_Park>.

6 Vgl. »Academics for Peace«, in: Frontline Defenders, offizielle Webseite, <frontlinedefenders.org>.

tig und im Konsens definieren. Das ist aber unmöglich in einer politischen Situation, in der die Macht, oppositionelle Handlungen als Gewalt zu definieren, selbst Instrument zur Erweiterung der Staatsmacht und zur Diskreditierung der Ziele der Oppositionellen wird und sogar deren Entrechtung, Einkerkerung und Ermordung rechtfertigt. Unter solchen Umständen müssen Gewaltzuschreibungen als unwahr und unfair zurückgewiesen werden. Wie ist das aber in einem öffentlichen Raum möglich, in dem für semantische Verwirrung darüber gesorgt wurde, was Gewalt ist und was nicht? Bleibt uns hier nur ein wirres Meinungsspektrum über Gewalt und Gewaltlosigkeit und ein genereller Relativismus? Oder lässt sich doch unterscheiden zwischen taktischer Gewaltzuschreibung, die die Zielrichtung der Gewalt offenlegt und umkehrt, und Gewaltformen – oft struktureller und systemischer Art –, die sich nur zu oft der direkten Benennung und Wahrnehmung entziehen?

Argumente für Gewaltlosigkeit setzen Klarheit darüber voraus, wie Gewalt vorgestellt und in einem Feld diskursiver, gesellschaftlicher und staatlicher Macht zugeschrieben wird; man muss hier die taktischen Umkehrungen und den phantasmatischen Charakter der Zuschreibung selbst verstehen. Darüber hinaus müssen wir die Muster zu kritisieren versuchen, nach denen staatliche Gewalt sich selbst rechtfertigt, und ebenso die Beziehung zwischen diesen Rechtfertigungsmustern und der Bemühung um den Erhalt des Gewaltmonopols. Dieses Monopol hängt von einer Benennungspraxis ab, in der Gewalt oft als rechtliche Zwangsmaßnahme verschleiert oder in ihr Zielobjekt verlagert und dann als vom anderen ausgehende Gewalt wiedergefunden wird.

Argumente für oder gegen Gewaltlosigkeit setzen voraus, dass wir möglichst zwischen Gewalt und Nichtgewalt differenzieren. Es gibt aber keinen einfachen Weg zu einer stabilen semantischen Unterscheidung, da der Unterschied zwischen Gewalt und Nichtgewalt so oft zur Verschleierung und Erweiterung gewaltsamer Ziele und Praktiken genutzt wird. Anders gesagt können wir nicht direkt auf das Phänomen zusteuern, sondern müssen den Umweg über die Begriffsmuster gehen, die die unterschiedlichsten Begriffsverwendungen ermöglichen, und wir müssen analysieren, wie diese Festlegungen des Gewaltbegriffs funktionieren. Wenn diejenigen, die keine Gewaltakte begehen und dennoch der Gewalt beschuldigt werden, dieser Beschuldigung als ungerechtfertigt entgegentreten wollen, müssen sie zeigen, wie diese Beschuldigung eingesetzt wird; es geht nicht nur darum, was die Anschuldigung »besagt«, sondern auch darum, was mit ihr faktisch »getan« wird. In welcher Episteme gewinnt sie Glaubwürdigkeit? Anders gefragt: Weshalb wird ihr manchmal Glauben geschenkt, und – ganz entscheidend – wie lässt sich der Plausibilitätseffekt des Sprechakts aufdecken und entkräften?

Um diesen Weg einzuschlagen, müssen wir akzeptieren, dass die Begriffe »Gewalt« und »Gewaltlosigkeit« unterschiedlich und täuschend verwendet werden, ohne deshalb der nihilistischen Annahme nachzugeben, Gewalt und Gewaltlosigkeit sei eben das, was die Machthabenden dafür ausgeben. Zu den Anliegen dieses Buches gehört es, die Schwierigkeit anzunehmen und zu einer tragfähigen Definition von Gewalt zu gelangen, obwohl diese instrumentell im Dienst politischer Interessen und manchmal auch im Dienst der staatlichen Gewalt selbst definiert wird. Meiner Ansicht nach führt diese Schwierigkeit nicht zu einem chaotischen Relativismus, der die Aufgabe kritischen Denkens untergräbt, um eine falsche und schädliche Instrumentalisierung dieser Unterscheidung ans Licht zu bringen. Sowohl der Begriff der Gewalt wie der der Gewaltlosigkeit sind in der moralischen Debatte und in der politischen Analyse immer schon gedeutete Begriffe, die durch ihren vorhergehenden Gebrauch geprägt sind. Interpretationen von Gewalt und Gewaltlosigkeit und die Sicherung der Unterschiede zwischen beiden sind unumgänglich, wenn wir staatlicher Gewalt widerstehen und sorgfältig über mögliche Rechtfertigungen gewaltsamer Taktiken der Linken nachdenken wollen. Wenn wir uns hier auf das Terrain der Moralphilosophie wagen, finden wir uns in Bereichen, in denen Moralphilosophie und politische Philosophie aufeinanderprallen, und das hat Folgen sowohl für unser politisches Handeln wie für die Vorstellungen von der Welt, die wir gestalten helfen wollen.

Eines der beliebtesten Argumente vonseiten der Linken zugunsten des taktischen Einsatzes von Gewalt geht von der Behauptung aus, dass viele Menschen bereits im Kraftfeld der Gewalt leben. Da Gewalt schon eine Tatsache ist, so das Argument weiter, gibt es gar keine wirkliche Wahl mehr in der Frage, ob man mit dem eigenen Handeln das Feld der Gewalt betreten will oder nicht: Wir befinden uns bereits in diesem Feld. Nach dieser Auffassung ist die Distanz der moralischen Deliberation zur Frage »Gewalt – ja oder nein?« ein Privileg und Luxus und verrät etwas über die eigene Machtposition. In dieser Sicht ist die Frage der gewaltsamen Aktion keine Frage der Wahl, da wir uns schon – und gegen unseren Willen – im Feld der Gewalt befinden. Weil Gewalt die ganze Zeit schon stattfindet (und regelmäßig gegen Minderheiten ausgeübt wird), ist der Widerstand gegen sie nur eine Form von Gegengewalt.[7] Neben der allgemeinen und traditionellen linken Behauptung über die Notwendigkeit eines »gewaltsamen Kampfes« zu revolutionären Zwecken sind hier noch spezifischere Rechtfertigungsstrategien am Werk: Gegen uns wird Gewalt eingesetzt, also sind gewaltsame Aktionen unsererseits gerechtfertigt gegen (a) diejenigen, die mit der Gewaltausübung angefangen haben und (b) diese Gewalt gegen uns gerichtet haben. Wir handeln hier im Namen unseres eigenen Lebens und unseres Rechts, in dieser Welt am Leben zu bleiben.

Zur Behauptung, Widerstand gegen Gewalt sei Gegengewalt, stellen sich indes einige Fragen: Selbst wenn Gewalt immer schon im Spiel ist und wir uns in einem Kraftfeld von Gewalt bewegen, wollen wir nicht ein Mitspracherecht darüber haben, ob Gewalt weiter angewendet werden soll? Wenn sie immer schon angewendet wird, ist sie deshalb unvermeidlich? Was würde es heißen, ihre Unvermeidbarkeit infrage zu stellen? Das Argument könnte lauten: »Andere wenden

7 Zur Frage des Widerstands einschließlich seiner paradoxen Formen vgl. Howard Caygill, *On Resistance: A Philosophy of Defiance*, New York 2013.

Gewalt an, also sollten wir es auch tun«, oder: »Andere setzen Gewalt gegen uns ein, also sollten wir im Namen des Selbsterhalts Gewalt gegen sie einsetzen«. Das sind unterschiedliche, aber wichtige Behauptungen. Die erste beruft sich auf das Prinzip der schlichten Wechselseitigkeit und geht davon aus, dass ich das Recht habe zu tun, was immer der andere tut. Diese Argumentation berücksichtigt allerdings nicht die Frage, ob das Handeln des anderen zu rechtfertigen ist. In der zweiten Behauptung wird Gewalt mit Selbstverteidigung und Selbsterhaltung verknüpft, worauf wir in den folgenden Kapiteln zurückkommen werden. Fragen wir an dieser Stelle zunächst: Wer ist dieses »Selbst«, das im Namen der Selbstverteidigung verteidigt wird?[8] Wie wird dieses Selbst von anderen Selbsten abgegrenzt, von der Geschichte, vom Land, von seinen sonstigen definierenden Bezügen? Gehört derjenige, dem Gewalt widerfährt, nicht irgendwie auch zu dem »Selbst«, das sich in einem Akt der Gewalt selbst verteidigt? In einem bestimmten Sinn ist Gewalt, die einem anderen angetan wird, auch Gewalt, die dem Selbst angetan wird, aber nur dort, wo die Beziehung zwischen ihnen sie auf grundlegende Weise definiert.

Damit ist ein zentrales Anliegen dieses Buches benannt. Denn steht derjenige, der Gewaltlosigkeit praktiziert, in Beziehung zu demjenigen, gegen den Gewaltanwendung erwogen wird, dann scheint zwischen beiden ein vorgängiger sozialer Bezug zu bestehen; sie sind Teil voneinander, das eine Selbst ist im anderen

8 Elsa Dorlin, *Selbstverteidigung. Eine Philosophie der Gewalt*, Berlin 2020.

impliziert. Gewaltlosigkeit wäre dann eine Weise, diesen Bezug anzuerkennen, so belastet er auch sein mag, und auch die normativen Zielsetzungen zu bejahen, die sich aus diesem schon bestehenden sozialen Bezug ergeben. Daher kann eine Ethik der Gewaltlosigkeit nicht in Individualismus gründen und daher muss sie eine führende Rolle in der Kritik des Individualismus als Basis sowohl von Ethik als auch von Politik spielen. Eine Ethik und Politik der Gewaltlosigkeit müsste der wechselseitigen Weise Rechnung tragen, die die Leben der Selbste miteinander verbindet und deren Bezüge ebenso destruktiv wie lebenserhaltend sein können. Die Beziehungen, die binden und definieren, reichen über die dyadische Begegnung von Menschen hinaus, und deshalb betrifft die Frage der Gewaltlosigkeit nicht nur menschliche Beziehungen, sondern sämtliche lebendigen und wechselseitig konstitutiven Beziehungen.

Zu dieser Untersuchung sozialer Beziehungen müssten wir allerdings wissen, welche Art potenzieller oder faktischer sozialer Bindung zwischen den beiden Subjekten eines gewaltsamen Aufeinandertreffens besteht. Wenn das Selbst durch seine Bezüge zu anderen konstituiert ist, dann gehört zum Erhalt oder zur Negierung dieses Selbst auch der Erhalt oder die Negierung der weiter reichenden sozialen Bindungen, die dieses Selbst und seine Welt definieren. Entgegen der Auffassung, das Selbst müsse zum individuellen Selbsterhalt Gewalt anwenden, geht diese Untersuchung davon aus, dass Gewaltlosigkeit sowohl eine Kritik der egologischen Ethik wie des politischen Erbes des Individualismus erfordert, um die Idee des Selbstseins als Spannungsfeld sozialer Bezüglichkeit fassen zu können. Diese Bezüglichkeit ist natürlich auch definiert durch Negativität, das heißt durch Konflikt, Zorn und Aggression. Mit dem destruktiven Potenzial menschlicher Beziehungen wird nicht jede Bezüglichkeit geleugnet, und die Betrachtung aus dieser Bezüglichkeit heraus kann auch die potenzielle oder faktische Zerstörung sozialer Bindungen nicht außer Acht lassen. Daher ist Bezüglichkeit nicht schon an sich gut, ein Zeichen der Verbundenheit, eine ethische Norm als Gegensatz zur Destruktion. Vielmehr ist Bezüglichkeit ein irritierendes und ambivalentes Feld; die Frage der ethischen Verpflichtung muss hier im Lichte fortdauernder und konstitutiver destruktiver Potenziale geklärt werden. Was sich am Ende auch immer als »das Richtige tun« erweist – es setzt den Durchgang durch die Spaltung oder die Auseinandersetzung voraus, die von vornherein die ethische Entscheidung bedingt. Diese Aufgabe ist nie nur reflexiver Art, das heißt, sie hängt nie nur von meiner Beziehung zu mir selbst ab. Stellt sich die Welt als Kraftfeld der Gewalt dar, muss die Gewaltlosigkeit Wege finden, in dieser Welt so zu leben und zu handeln, dass die Gewalt in Schach gehalten oder gemindert oder dass ihre Stoßrichtung geändert wird, und das in ebenjenen Momenten, wo sie die Welt völlig zu erfüllen und keinen Ausweg zu lassen scheint. Der Körper kann der Vektor dieser Wende sein, aber ein solcher Vektor können auch der Diskurs, kollektive Praktiken, Infrastrukturen und Institutionen sein. Als Antwort auf den Einwand, Gewaltlosigkeit sei schlicht unrealistisch, gehen wir hier davon aus, dass zunächst kritisch zu fragen ist, was überhaupt als

Realität gilt; damit nutzen wir auch die Stärke und die Notwendigkeit eines anderen, eines Gegen-Realismus in Zeiten wie diesen. Gewaltlosigkeit verlangt vielleicht den Abschied von der Realität, wie sie sich heute darstellt, und die Offenlegung von Möglichkeiten eines erneuerten politischen Imaginären.

Viele auf der Linken behaupten zwar, an Gewaltlosigkeit zu glauben, nehmen aber für die Selbstverteidigung eine Ausnahme in Anspruch. Um ihre Position nachvollziehen zu können, müssten wir wissen, wer dieses »Selbst« ist – wo seine territorialen Grenzen und seine konstitutiven Bindungen liegen. Wenn das Selbst, das ich verteidige, in mir, meinen Angehörigen, anderen Mitgliedern meiner Gemeinschaft, Nation oder Religion oder allen besteht, die meine Sprache sprechen, dann bin ich insgeheim eine Kommunitaristin, die, wie es scheint, das Leben derjenigen schützt, die ihr gleichen, bestimmt aber nicht das Leben derjenigen, die ihr nicht gleichen. Zudem lebe ich dann offensichtlich in einer Welt, in der dieses »Selbst« als solches anerkannt werden kann. Sobald uns klar wird, dass das eine Selbst verteidigungswürdig ist, das andere aber nicht, stellt sich doch wohl das Problem der Ungleichheit, das sich aus der Rechtfertigung von Gewalt im Dienst der Selbstverteidigung ergibt. Diese Form der Ungleichheit, die bestimmten Gruppen im globalen Spektrum ein bestimmtes Maß an Betrauerbarkeit zugesteht, lässt sich nicht ohne Rückgriff auf die »rassischen« Schemata erklären, die so grotesk unterscheiden zwischen wertvollem (und im Verlustfall betrauerbarem) Leben und dem Leben derjenigen, für die diese Kriterien nicht gelten.

Da Selbstverteidigung oft als zu rechtfertigende Ausnahme von den Normen einer Praxis der Gewaltlosigkeit betrachtet wird, müssen wir (a) fragen, wer als ein solches Selbst zählt, und (b), wie umfassend dieses Selbst der Selbstverteidigung eigentlich ist. (Noch einmal: Umfasst es die eigene Familie, Gemeinschaft, Religion, Nation, das angestammte Land, die eigene Lebensweise?) Für diejenigen, die als nicht betrauerbar gelten (die behandelt werden, als ob man sie weder verlieren noch betrauern kann) und die sich schon in der »Zone des Nicht-Seins« befinden, wie Frantz Fanon sagt, kann das Beharren auf einem Leben, das zählt, dieses Schema durchbrechen, wie wir an der *Black-Lives-Matter-Bewegung* sehen können. Leben zählen in dem Sinn, dass sie in der Sphäre der Erscheinung physisch Gestalt annehmen; Leben zählen, weil sie alle gleich geschätzt werden müssen. Und doch ist die Berufung auf Selbstverteidigung vonseiten derjenigen, die Macht ausüben, allzu oft nichts anderes als die Verteidigung dieser Macht, ihrer Vorrechte und der von ihr vorausgesetzten und geschaffenen Ungleichheiten. Das in diesen Fällen verteidigte »Selbst« ist ein Selbst, das sich mit anderen identifiziert, mit anderen, die weiß sind, einer bestimmten Nation, einer Partei in einem Grenzstreit angehören. So fördert Selbstverteidigung den Krieg. Ein solches »Selbst« kann wie eine Art von Regime fungieren, das in seiner erweiterten Form alle einschließt, die die eigene Hautfarbe teilen, der eigenen Klasse angehören, die eigenen Privilegien besitzen, und das alle aus diesem Regime des Subjekts/Selbst ausschließt, die in dieser Ökonomie durch Anderssein gekennzeichnet sind. Obgleich wir uns Selbstverteidigung als Reaktion auf einen Schlag von außen denken, benötigt das privilegierte Selbst gar keinen solchen Antrieb, um seine Grenzen zu ziehen und seine Ausschlüsse durchzusetzen. Jede mögliche Bedrohung, das heißt jede imaginierte Bedrohung, jedes Phantasma der Bedrohung, genügt schon, um ohne Weiteres Gewalt anzuwenden. Die Philosophin Elsa Dorlin hat darauf hingewiesen, dass nicht jedem Selbst das Recht auf Selbstverteidigung zugestanden wird.[9] Wessen Berufung auf Selbstverteidigung findet etwa vor Gericht mehr Glauben und wessen Inanspruchnahme von Selbstverteidigung wird mit größerer Wahrscheinlichkeit verworfen? Anders gefragt: Wer ist Träger eines Selbst, das Verteidigung verdient und eine Existenz darstellt, die vor den Gesetzen der Macht als Leben mit eigenem Recht auftreten kann, als Leben, das der Verteidigung wert und vor seinem Verlust zu bewahren ist?

Eines der stärksten Argumente für den Einsatz von Gewalt auf der Linken lautet, dass Gewalt taktisch erforderlich ist, um struktureller oder systemischer Gewalt wirksam zu begegnen oder um gewalttätige Regime wie das Apartheid-Regime, Diktaturen oder totalitäre Regime zu überwinden.[10] Das mag stimmen,

9 Dorlin, *Selbstverteidigung*.

10 Vgl. Friedrich Engels, *Anti-Dühring, MEW*, Bd. 20, Berlin 1968; Étienne Balibar, »Reflections on Violence«, in: *Historical Materialism* 17:1 (2009); Yves Winter, »Debating Violence on the Desert Island: Engels, Dühring and Robinson Crusoe«, in: *Contemporary Political Theory* 13:4 (2014); Nick Hewlett, »Marx, Engels, and the Ethics of Violence in Revolt«, in: *The European Legacy: Toward New Paradigms* 17:7 (2012); und *Blood and Progress: Violence in Pursuit of Emancipation*, Edinburgh 2016.

ich widerspreche dem nicht. Damit dieses Argument jedoch überzeugen kann, müssten wir zunächst einmal wissen, wo der Unterschied zwischen der Gewalt des Regimes und der Gewalt liegt, die das Regime zu Fall bringen will. Kann man diesen Unterschied immer benennen? Muss man unter Umständen hinnehmen, dass sich kein Unterschied zwischen der einen und der anderen Gewalt mehr angeben lässt? Anders gefragt: Kümmern die Gewalt diese Unterscheidungen und unsere Typologien überhaupt? Verdoppelt der Einsatz von Gewalt die Gewalt, und zwar in Richtungen, die sich nicht vorher eingrenzen lassen?

Hier und da wird zugunsten der Gewalt argumentiert, dass sie nur ein Mittel ist, um einen anderen Zweck zu erreichen. Eine Frage lautet also: Kann Gewalt bloßes Instrument oder Mittel sein, um gegen Gewalt – ihre Strukturen, ihre Regime – anzugehen, ohne selbst zum Zweck zu werden? Die instrumentalistische Verteidigung der Gewalt hängt ganz entscheidend davon ab, ob sie zeigen kann, dass Gewalt sich auf den Status eines Werkzeugs, eines Mittels beschränken lässt, ohne dass sie Selbstzweck wird. Der Einsatz des Werkzeugs zur Erreichung solcher Zwecke setzt die durchgehende Handlungsorientierung an klaren Intentionen voraus. Und sie setzt auch Klarheit darüber voraus, an welchem Punkt das gewaltsame Handeln enden wird. Was, wenn die Gewalt außer Kontrolle gerät, wenn sie zu Zwecken eingesetzt wird, die nie beabsichtigt waren, und wenn sie die handlungsleitende Intention sprengt? Was, wenn Gewalt eben die Art von Phänomen ist, das immer wieder »außer Kontrolle gerät«? Und schließlich: Was, wenn der Einsatz von

Gewalt als Mittel zu einem Zweck implizit oder faktisch eine weiterreichende Gewaltanwendung rechtfertigt und damit nur noch mehr Gewalt in die Welt bringt? Kann sich daraus nicht eine Situation ergeben, in der andere mit gegenläufigen Absichten sich auf diese Rechtfertigung berufen, um ihre eigenen Zwecke zu verwirklichen und destruktive Ziele zu verfolgen, die denen der instrumentell beschränkten Gewaltanwendung entgegenstehen, Ziele, die vielleicht überhaupt keiner klaren Intention mehr folgen oder sich als zerstörerisch, diffus und unbeabsichtigt erweisen?[11]

Hier wird deutlich, dass uns jede Diskussion über Gewalt und Gewaltlosigkeit in weitere Fragen verstrickt. Zunächst verweist die Tatsache, dass der Begriff »Gewalt« strategisch zur Beschreibung ganz unterschiedlich interpretierter Situationen verwendet wird, darauf, dass Gewalt *immer schon interpretiert wird*. Das heißt nicht, dass Gewalt bloß eine Frage der Interpretation ist, wobei Interpretation als subjektive und willkürliche Art der Bezeichnung aufgefasst wird. Gewalt unterliegt vielmehr in dem Sinne der Interpretation, dass sie innerhalb manchmal unvereinbarer oder gegensätzlicher Rahmensetzungen erscheint; daher erscheint sie ganz unterschiedlich – oder auch gar nicht –, je nachdem, wie der jeweils gesetzte Rahmen sie erscheinen lässt. Eine stabile Definition der Gewalt hängt weniger vom Wissen um ihre konkreten Anwendungsfälle als davon ab, dass man ihr Oszillieren unter

11 Eine andere Auffassung vertritt in dieser Hinsicht Scott Crow (Hg.), *Setting Sights: Histories and Reflections on Community Armed Self-Defense*, Oakland 2018.

gegensätzlichen politischen Rahmensetzungen begrifflich zu fassen bekommt. Die Konstruktion eines neuen Rahmens zu ebendiesem Zweck ist denn auch eines der Anliegen dieses Projekts.

Zweitens wird Gewaltlosigkeit sehr oft als moralische Haltung verstanden, als Frage des individuellen Gewissens oder der Beweggründe für eine individuelle Entscheidung gegen gewaltsames Handeln. Gut möglich jedoch, dass die überzeugendsten Gründe für eine Praxis der Gewaltlosigkeit direkt eine Kritik des Individualismus implizieren und ein erneutes Durchdenken der sozialen Bindungen erfordern, die uns als lebendige Wesen konstituieren. Wenn jemand zu Gewalt greift, gibt er nicht einfach sein Gewissen oder seine tiefsten Überzeugungen auf, vielmehr gefährdet Gewalt bestimmte für das Zusammenleben sozialer Wesen erforderliche »Bindungen«. So scheint auch in der argumentativen Rechtfertigung von Gewalt als Selbstverteidigung von vornherein Klarheit darüber zu bestehen, was dieses »Selbst« ist, das ein Recht auf Selbstsein hat, und wo seine Grenzen verlaufen. Begreift man das »Selbst« jedoch als in Beziehungen eingebunden, müssen die Verteidiger der Selbstverteidigung nachvollziehbar angeben können, wie die Bindungen dieses Selbst aussehen. Ist ein Selbst im Kern mit einer Gruppe anderer verbunden und ohne diese Beziehungen gar nicht denkbar, wo beginnt und endet dieses singuläre Selbst dann? Die Argumentation gegen Gewalt impliziert daher nicht nur eine Kritik des Individualismus, sondern auch eine Klärung der sozialen Bindungen oder Bezüge, die Gewaltlosigkeit verlangen. An die Stelle von Gewaltlosigkeit als Frage der individuellen Moral tritt damit eine Sozialphilosophie der lebendigen und haltbaren Bindungen.

Darüber hinaus müssen die unabdingbaren sozialen Bindungen mit Blick darauf gedacht werden, dass die der Verteidigung würdigen »Selbste« im politischen Raum gesellschaftlich ungleiche Artikulationsbedingungen haben.[12] Die Beschreibung der sozialen Bindungen, ohne die das Leben gefährdet ist, ist auf der Ebene einer Sozialontologie angesiedelt, die eher als ein gesellschaftliches Imaginäres denn als eine Metaphysik des Sozialen zu begreifen ist. Anders gesagt lässt sich ganz allgemein davon ausgehen, dass Leben durch soziale Interdependenz gekennzeichnet ist und Gewalt einen Angriff auf diese Interdependenz darstellt, einen Angriff auf Personen, ja, aber noch grundlegender einen Angriff auf »Bindungen«. Obgleich Interdependenz Differenzierungen von Unabhängigkeit und Abhängigkeit begründet, impliziert sie auch soziale Gleichheit: Jeder ist abhängig oder durch Abhängigkeitsbeziehungen geformt und durch sie am Leben erhalten, und von jedem wiederum sind auf diese Weise andere abhängig. Wovon jeder abhängt und was von jedem abhängt, variiert, denn hier geht es nicht nur um das Leben anderer Menschen, sondern um alle empfindungsfähigen Wesen, um die Umwelt und um Infrastrukturen, von denen wir abhängen und die ihrerseits von uns abhängen, was Voraussetzung für den Erhalt einer lebensfähigen Welt ist. Wenn man in einem solchen Kontext von Gleichheit spricht, meint das nicht die Gleichheit aller Personen, sofern wir un-

12 Vgl. Dorlin, *Selbstverteidigung*, S. 53-82.

ter »Person« ein singuläres, abgegrenztes Individuum verstehen, das sich durch seine Grenzen definiert. Singularität und Abgrenzung existieren, ebenso wie Grenzziehungen, aber sie bilden ausdifferenzierende Merkmale von Wesen, die kraft ihrer wechselseitigen Beziehungen existieren. Ohne diesen übergreifenden Sinn von Interrelationalität stellen sich uns die Grenzen des Körpers als Endpunkt statt als Schwelle von Personen dar, als Raum des Übergangs und der Durchlässigkeit, als Beleg für das Offensein auf das Andere hin, das doch definierendes Moment des Körpers selbst ist. Die Schwelle des Körpers, der Körper als Schwelle unterminiert die Vorstellung des Körpers als abgeschlossene Einheit. Gleichheit lässt sich daher nicht auf ein Kalkül reduzieren, in dem jeder abstrakten Person der gleiche Wert zugeschrieben wird, denn die Gleichheit von Personen muss in Begriffen der wechselseitigen sozialen Abhängigkeit gedacht werden. Zwar ist richtig, dass alle Personen gleich behandelt werden sollen, aber Gleichbehandlung ist nicht möglich außerhalb einer sozialen Organisation des Lebens, in der materielle Ressourcen, die Verteilung von Lebensmitteln, Wohnungen, Arbeit und Infrastruktur auf gleiche Bedingungen der Lebbarkeit abzielen. Der Bezug auf diese Gleichheit der Lebbarkeit ist daher unverzichtbar für jede substanziell sinnvolle Bestimmung von »Gleichheit«.

Fragen wir darüber hinaus, welches Leben als verteidigungswürdiges Leben eines »Selbst« mit dem daraus folgenden Recht auf Selbstverteidigung gilt, dann hat diese Frage nur Sinn, wenn wir uns immer der allgegenwärtigen Ungleichheit bewusst sind, die das Leben der einen, nicht aber das der anderen überproportional zu lebenswertem und betrauerbarem Leben macht. Formen der Ungleichheit finden sich immer in einem ganz bestimmten Rahmen, aber Ungleichheit ist immer auch geschichtlich geprägt und wird durch konkurrierende Rahmenbedingungen infrage gestellt. Sie besagt nichts über den intrinsischen Wert eines Lebens. Denken wir zudem daran, wie bestimmten Bevölkerungsgruppen nach der vorherrschenden, ausdifferenzierenden Art Wert zu- und abgesprochen wird, wie sie geschützt oder im Stich gelassen werden, dann sehen wir uns bestimmten Machtformen gegenüber, die verschiedene Leben ungleich werten, indem sie deren Betrauerbarkeit ungleich ansetzen. Ich will hier »Bevölkerungsgruppen« oder »Populationen« nicht als soziologisch gegeben behandeln, denn sie werden zum Teil dadurch hervorgebracht, dass sie gemeinsam Verletzungen und Zerstörungen ausgesetzt sind und in unterschiedlichen Graden als betrauerbar (und schutzwürdig) oder als nicht der Trauer würdig gelten (als schon verloren und damit als leicht zu vernichten oder den Kräften der Zerstörung auszusetzen).

Diese Ausführungen zu sozialen Bindungen und zur Demografie der ungleichen Betrauerbarkeit scheinen vielleicht in keinem Bezug zur vorherigen Diskussion der Argumente zu stehen, mit denen Gewalt gerechtfertigt bzw. Gewaltlosigkeit verteidigt wird. Der Punkt ist aber, dass alle diese Argumente Vorstellungen darüber voraussetzen, was als Gewalt gilt, da Gewalt immer im Rahmen solcher Debatten diskutiert wird. Sie setzen auch bestimmte Ansichten über Individualismus und soziale Bezüglichkeit, Interdependenz, Demografie und Gleichheit voraus. Wenn wir die Frage stellen, was Gewalt zerstört oder auf welcher Grundlage wir Gewalt im Namen der Gewaltlosigkeit als solche benennen oder ablehnen, müssen wir Praktiken der Gewalt (ebenso wie gewaltträchtige Institutionen, Strukturen und Systeme) vor dem Hintergrund der Lebensbedingungen betrachten, die sie zerstören. Ohne ein Verständnis der Lebensbedingungen und der Lebbarkeit und ihrer relativen Unterschiede können wir weder wissen, was die Gewalt zerstört noch warum uns das etwas angehen sollte.

Der dritte Punkt – auf den Walter Benjamin in seinem Aufsatz »Zur Kritik der Gewalt« von 1920 aufmerksam gemacht hat – ist der, dass Rechtfertigungen der Gewalt bislang vor allem einer instrumentalistischen Logik gefolgt sind.[13] Eine der ersten Fragen, die er in diesem komplexen Essay aufwirft, lautet: Weshalb wurde der instrumentalistische Rahmen als notwendig angenommen, um über Gewalt nachzudenken? Weshalb nicht, statt nach den Zwecken zu fragen, die mit Gewalt erreicht werden können, die umgekehrte Frage stellen: Was legitimiert den instrumentalistischen Rahmen dieser Rechtfertigungsdebatte, einen Rahmen, der ganz auf die Unterscheidung von Mitteln und Zwecken setzt? Tatsächlich ist Benjamins Punkt ein etwas anderer: Wenn wir Gewalt nur im Rahmen ihrer möglichen oder mangelnden Rechtfertigung denken, bestimmt dieser Rahmen dann nicht von vornherein über das Phänomen der Gewalt? Benjamins

13 Walter Benjamin, »Zur Kritik der Gewalt«, in: ders., *Gesammelte Schriften* II,3, Frankfurt/M. 1980, S. 179-203.

Analyse macht nicht nur darauf aufmerksam, wie der instrumentalistische Rahmen das Phänomen determiniert, sondern führt auch zu folgender Frage: *Lassen sich sowohl Gewalt wie Gewaltlosigkeit jenseits des instrumentalistischen Rahmens denken, und welche neuen Möglichkeiten des ethischen und politischen kritischen Denkens ergeben sich dann?*

Benjamins Text löst bei vielen Lesern Besorgnis aus, eben weil sie nicht bereit sind, die Frage einzuklammern, was Gewalt legitimiert und was nicht. Die Befürchtung scheint zu sein, dass sämtliche Gewalt gerechtfertigt ist, wenn wir die Frage der Legitimität beiseitelassen. Mit dieser Lösung jedoch, der Rückbindung des Problems an das Schema der Rechtfertigung, bleibt unverstanden, welche Potenziale sich eröffnen, wenn man die instrumentalistische Logik infrage stellt. Auch wenn Benjamin nicht die Antworten bietet, die für eine solche Überlegung erforderlich sind, erlaubt uns seine Infragestellung des Mittel/Zweck-Rahmens, die Debatte außerhalb der Begriffe der *techne* zu durchdenken. Wem Gewalt nur vorläufige Taktik oder Werkzeug ist, der sieht sich unter anderem mit dieser Herausforderung konfrontiert: Wenn Werkzeuge sich ihre Benutzer zunutze machen können und Gewalt ein Werkzeug ist, folgt dann nicht, dass Gewalt sich ihren Nutzer zunutze machen kann? Gewalt als Mittel ist in der Welt schon präsent, noch bevor sich jemand ihrer bedient, aber diese Tatsache allein spricht weder für noch gegen den Einsatz dieses Mittels. Am wichtigsten scheint aber zu sein, dass das Werkzeug bereits Teil einer Praxis ist und eine Welt voraussetzt, die seinem Gebrauch zuträglich ist, und dass der Einsatz dieses Mittels eine ganz bestimmte Art von Welt erschafft oder wiederherstellt, indem eine stillschweigende Überlieferung seines Gebrauchs aktiviert wird.[14] Wenn wir Gewalt ausüben, erschaffen wir damit eine Welt mit mehr Gewalt. Was zunächst nur Instrument, *techne* zu sein scheint, etwas, das man aus der Hand legt, wenn der gewünschte Zweck erreicht ist, erweist sich als Praxis, als Mittel, das im Moment seines Einsatzes einen Zweck setzt, das heißt, das in seiner Nutzung bereits einen Zweck voraussetzt, den es mit seiner Nutzung dann realisiert. Dieser Prozess lässt sich in einem instrumentalistischen Rahmen nicht fassen. Ganz unabhängig von den eifrigsten Bemühungen, Gewalt nur als Mittel und nicht als Zweck einzusetzen, kann der Einsatz von Gewalt als Mittel ungewollt selbst zum Zweck werden und zu neuer Gewalt führen, Gewalt erneut entfachen und weitere Gewalt rechtfertigen. Gewalt erschöpft sich nicht in der Verwirklichung eines gerechten Zwecks, sondern erneuert sich vielmehr in Richtungen jenseits von Intention und instrumenteller Planung. Wenn man demnach handelt, als könne der Einsatz von Gewalt Mittel zur Erreichung eines gewaltlosen Ziels sein, geht man davon aus, dass Gewalt in der Praxis ihrer Anwendung nicht selbst zum Zweck wird. Die *techne* wird durch die Praxis unterminiert, und der Einsatz von Gewalt macht die Welt nur zu einem noch gewalttätigeren Ort, indem er noch mehr Gewalt in die Welt bringt. Jacques Derrida konzentriert sich in seiner Benjamin-

14 Vgl. meinen Text »Protest, Violent, Nonviolent« in: *Public Books*, 13. Oktober 2017, <publicbooks.org>.

lektüre darauf, wie Gerechtigkeit über das Recht hinausgeht.[15] Eröffnet sich vielleicht mit der »göttlichen Gewalt« die Möglichkeit von Herrschaftstechniken über das Recht hinaus mit der Folge von Deutungsdebatten darüber, was als Rechtfertigung gelten kann und inwieweit die Rahmensetzungen dieser Rechtfertigung mit darüber bestimmen, was wir als »Gewalt« bezeichnen? Wir werden diese Frage in Kapitel 3 zur »Ethik und Politik der Gewaltlosigkeit« diskutieren.

Ich hoffe, im Verlauf dieser Arbeit einige zentrale Voraussetzungen der Gewaltlosigkeit infrage stellen zu können. Erstens muss Gewaltlosigkeit weniger als moralische Haltung von Individuen in Bezug auf ihre Handlungsoptionen und eher als gemeinsame soziale und politische Praxis verstanden werden, die in einer Form von Widerstand gegen systemische Zerstörung gipfelt, verbunden mit der Verpflichtung zur Schaffung einer Welt, die globale Interdependenzen respektiert, in denen die Ideale wirtschaftlicher, sozialer und politischer Freiheit und Gleichheit zum Ausdruck kommen. Zweitens ergibt sich Gewaltlosigkeit nicht notwendig aus einem befriedeten oder ruhigen Teil der Seele. Sehr oft ist sie Ausdruck von Wut, Empörung und Aggression.[16] Aggression wird oft mit Ge-

15 Jacques Derrida, *Gesetzeskraft. Der »mystische Grund der Autorität«*, Frankfurt/M. 1991.

16 Vgl. Mahatma Gandhis Verteidigung der Gewaltlosigkeit der Satyagraha-Bewegung vor dem Disorders Inquiry Committee 1920, zwei Jahre vor seiner Inhaftierung: »*Satyagraha* unterscheidet sich vom passiven Widerstand wie der Nordpol vom Südpol. Der passive Widerstand wurde als Waffe der Schwachen konzipiert und schließt den Einsatz von Körperkraft oder Gewalt zur Erreichung des angestrebten Zwecks nicht aus,

walt verwechselt, aber für die Argumentation im vorliegenden Buch muss unbedingt festgehalten werden, dass Formen gewaltlosen Widerstands auf durchaus aggressive Weise verfolgt werden können und müssen. Aggressive Gewaltlosigkeit ist daher kein Selbstwiderspruch. Mahatma Gandhi hat darauf beharrt, dass *satyagraha* oder »Seelenstärke«, sein Begriff für die Praxis und Politik der Gewaltlosigkeit, eine gewaltfreie Kraft ist, die »auf der Wahrheit besteht« und »ihren Verfechtern unvergleichliche Macht verleiht«. Um diese Kraft zu verstehen, darf man sie nicht auf bloße körperliche Stärke reduzieren. Die »Seelenstärke« nimmt zugleich körperliche Form an. Die Praxis, angesichts politischer Machtausübung »die Arme sinken zu lassen«, ist einerseits eine Haltung der Passivität und gilt als Teil der Überlieferung des passiven Widerstands; zugleich ist sie aber eine wohlüberlegte Exposition des Körpers gegenüber der Polizeigewalt, eine Art, das Kraftfeld der Gewalt zu betreten, und eine unnachgiebige und körperliche Demonstration der politischen Handlungsfähigkeit. Sie geht mit Leiden einher, ja, aber mit dem Ziel, sowohl sich selbst wie die sozia-

während *satyagraha* als Waffe der Stärksten konzipiert ist und jede Gewaltanwendung ausschließt.«, in: Mahatma Gandhi, *Selected Political Writings*, hg. von Dennis Dalton, Indianapolis, IN, 1996, S. 6. Vgl. auch Martin Luther King, Jr., »Stride Toward Freedom«. Hier wird Gewaltlosigkeit als »Methode«, als »Waffe« und Form des »Widerstands« beschrieben, der ganz auf die Zukunft baut. Unter dem Einfluss von Gandhi ließ sich King auch von Thoreaus »zivilem Ungehorsam« inspirieren. Vgl. auch Leela Fernandes, »Beyond Retribution: The Transformative Possibilities of Nonviolence«, in: *Transforming Feminist Practice*, San Francisco, CA 2003.

le Realität zu verändern. Drittens ist Gewaltlosigkeit ein Ideal, dem in der Praxis nicht immer voll Rechnung getragen werden kann. Wo diejenigen, die gewaltlosen Widerstand leisten, ihren Körper einer von außen einwirkenden Macht entgegenstellen, nehmen sie körperlichen Kontakt auf und setzen Zwang gegen Zwang. Gewaltlosigkeit impliziert nicht die Abwesenheit von Zwang oder Aggression. Sie bildet gleichsam einen Stil der ethischen Verkörperung mit eigener Gestik und Handlungsenthaltung, mit ihrem Weg, Hindernisse zu errichten und mit der Widerstandskraft des Körpers und seinem propriozeptiven Objektfeld weitere Gewaltanwendungen abzuwehren oder umzulenken. Wenn Körper beispielsweise eine menschliche Barriere bilden, kann man sich fragen, ob sie damit Zwang blockieren oder Zwang anwenden.[17] Auch hier müssen wir sorgfältig über die Stoßrichtung der Kraft nachdenken und uns um eine haltbare Unterscheidung zwischen körperlichem Krafteinsatz und Gewalt bemühen. Behinderung kann vielleicht Gewalt sein – wir sprechen schließlich von gewaltsamer Behinderung –, sodass sich unter anderem die wichtige Frage stellt, ob Akte körperlichen Widerstands beinhalten, dass man sich des Umschlagpunktes bewusst ist, des Punktes, an dem aus der Kraft des Widerstands ein gewaltsamer Akt oder eine gewaltsame Praxis werden

17 Vgl. Başak Ertür, »Barricades: Resources and Residues of Resistance«, in: Judith Butler, Zeynep Gambetti und Leticia Sabsay (Hg.), *Vulnerability in Resistance*, Durham, NC 2016, S. 97-121, sowie Banu Bargu, »The Silent Exception: Hunger Striking and Lip-Sewing«, in: *Law, Culture, and the Humanities* (Mai 2017).

kann, mit der eine weitere Ungerechtigkeit begangen wird. Diese mögliche Zweideutigkeit sollte nicht den Wert dieser Art von Praxis verschleiern. Viertens gibt es keine Praxis der Gewaltlosigkeit ohne grundlegende ethische und politische Ambiguität; das heißt, dass »Gewaltlosigkeit« kein absolutes Prinzip ist, sondern eine andauernde Anstrengung bezeichnet.

Wenn Gewaltlosigkeit wie eine »schwache« Haltung erscheint, sollten wir fragen: Was gilt als »stark«? Wie oft sehen wir, dass Stärke mit der Ausübung von Gewalt oder dem Hinweis auf die Bereitschaft zur Gewaltausübung gleichgesetzt wird? Wenn in der Gewaltlosigkeit eine Stärke liegt, die sich aus ebendieser vermeintlichen »Schwäche« ergibt, steht sie möglicherweise im Verbund mit der Macht der Schwachen, einschließlich der sozialen und politischen Macht, denjenigen Gehör zu verschaffen, die begrifflich annulliert worden sind, Betrauerbarkeit und Wert für diejenigen durchzusetzen, die für entbehrlich erklärt wurden, und – im Umfeld der derzeitigen Medien- und Öffentlichkeitspolitik mit ihrem oft befremdlichen und taktischen Vokabular zur Benennung und Unterstellung von Gewalt – die Möglichkeit von Gerechtigkeit und gerechten Urteilen zu verteidigen.

Die Tatsache, dass politischer Dissens und politische Kritik oft von eben den staatlichen Stellen als »gewalttätig« eingestuft werden, die sich davon herausgefordert sehen, ist kein Grund, vor dieser Sprachverwendung zu resignieren. Vielmehr müssen wir an der Erweiterung und Verfeinerung des politischen Vokabulars arbeiten, mit dessen Hilfe wir über Gewalt und den Widerstand gegen Gewalt nachdenken, und wir müssen dabei berücksichtigen, wie dieses Vokabular verzerrt und zum Schutz gewalttätig agierender staatlicher Stellen gegen Kritik und Opposition eingesetzt wird. Wo die Kritik fortdauernder kolonialer Gewalt als gewalttätig gilt (Palästina), wo eine Friedenspetition als kriegerischer Akt gilt (Türkei), wo der Kampf für Gleichheit und Freiheit als gewaltsame Bedrohung der staatlichen Sicherheit gilt (*Black Lives Matter*) oder »Gender« als ein gegen die Familie gerichtetes Nukleararsenal betrachtet wird (Anti-Gender-Ideologie), bewegen wir uns inmitten politisch folgenreicher Phantasmagorien. Um die Listen und Strategien solcher Positionen ans Licht zu bringen, müssen wir in der Lage sein zu erkennen, wie hier Gewalt in einem politischen Diskurs reproduziert wird, der von Paranoia und Hass durchdrungen ist.

Gewaltlosigkeit ist weniger Handlungsunterlassung als vielmehr physischer Einsatz für die Ansprüche des Lebens, ein lebendiger Einsatz und ein Anspruch, erhoben durch Sprache, Gestik und Aktion in Netzwerken, Protestlagern und Versammlungen. Hier soll den Lebenden ihr Anspruch auf Wertschätzung verschafft werden, hier soll ihre potenzielle Betrauerbarkeit gerade dort gesichert werden, wo ihnen die Sichtbarkeit genommen wird oder sie in eine irreversible Prekarität gestoßen werden. Wenn die Prekären die Kräfte, die ihr Leben selbst bedrohen, mit ihrer Lage konfrontieren, zeigen sie damit eine Beharrlichkeit, die das Potenzial hat, eines der zentralen Ziele gewaltsamer Macht zu unterlaufen, das Ziel nämlich, die Randständigen als entbehrlich hinzustellen und sie in die Zone des Nichtseins abzudrängen, um noch einmal Fanons

Ausdruck zu verwenden. Soweit gewaltfreie Bewegungen den Idealen radikaler Gleichheit folgen, ist es der gleiche Anspruch auf ein lebbares und betrauerbares Leben, der auch als gesellschaftliches Leitbild dient, als für jede Ethik und Politik der Gewaltlosigkeit, die über das Erbe des Individualismus hinausgeht, grundlegendes Ideal. Damit werden neue Überlegungen zu einer sozialen Freiheit ermöglicht, die nicht zuletzt durch unsere konstitutive wechselseitige Abhängigkeit definiert ist. Für diesen Kampf braucht es ein egalitäres Imaginäres, das für jede lebendige Bindung das Potenzial seiner Zerstörung mit bedenkt. In diesem Sinn ist Gewalt gegen den anderen Gewalt gegen uns selbst, was deutlich wird, wenn wir erkennen, dass sich Gewalt gegen die lebendige Interdependenz richtet, in der unsere soziale Welt besteht oder bestehen sollte.

I. Gewaltlosigkeit, Betrauerbarkeit und die Kritik des Individualismus

Stellen wir zunächst fest, dass Gewaltlosigkeit zur ethischen Frage im Kraftfeld der Gewalt selbst wird. Am besten lässt sich Gewaltlosigkeit vielleicht als Widerstandspraxis beschreiben, die in eben dem Moment möglich, wo nicht erforderlich wird, in dem die Ausübung von Gewalt am meisten gerechtfertigt und offensichtlich scheint. So lässt sich Gewaltlosigkeit als Praxis verstehen, die nicht nur einem gewaltsamen Akt oder einem gewaltsamen Prozess Einhalt gebietet, sondern selbst nachhaltiges – und möglicherweise durchaus aggressiv durchgesetztes – Handeln erfordert. Meiner Auffassung nach lässt sich also Gewaltlosigkeit nicht einfach als Abwesenheit von Gewalt oder als Enthaltung von Gewalt begreifen; vielmehr muss sie als anhaltendes Engagement, ja als Umlenkung von Aggression zum Zweck der Verteidigung der Ideale von Gleichheit und Freiheit verstanden werden. Ich möchte zunächst davon ausgehen, dass der »militante Pazifismus« (Albert Einstein) sich auch als aggressive Gewaltlosigkeit denken lässt.[1] Hierzu muss die Beziehung zwischen Aggression und Gewalt neu

1 Vgl. Mary Whiton Calkins, »Militant Pacifism«, in: *International Journal of Ethics* 28:1 (1917), S. 70-79.

durchdacht werden, da beide nicht identisch sind. Zweitens möchte ich davon ausgehen, dass Gewaltlosigkeit ohne eine Verpflichtung auf Gleichheit sinnlos ist. Weshalb Gewaltlosigkeit die Verpflichtung auf Gleichheit erfordert, lässt sich am besten verstehen, wenn man sich klarmacht, dass in dieser Welt manches Leben eindeutig mehr zählt als anderes und dass wegen dieser Ungleichheit bestimmte Leben hartnäckiger verteidigt werden als andere. Widerstand gegen die Gewalt gegen menschliches – oder anderes – Leben geht vom Wert dieses Lebens aus. Unser Widerstand bekräftigt diesen Wert. Geht ein Leben durch Gewaltanwendung verloren, wird dieser Verlust als solcher nur wahrgenommen und verzeichnet, weil das betreffende Leben als wertvolles galt, und das wiederum bedeutet, dass wir es als der Trauer wert betrachten.

Und doch gelten unterschiedliche Leben in dieser Welt, wie wir wissen, nicht als gleich wertvoll; ihr Anspruch auf Schutz vor Verletzung oder Vernichtung wird nicht immer anerkannt. Ein Grund liegt darin, dass bestimmte Leben als nicht der Trauer wert oder als nicht betrauerbar gelten. Dafür gibt es zahlreiche Ursachen, zu denen Rassismus, Xenophobie, Homophobie und Transphobie, Misogynie und systematische Verachtung für die Armen und Vertriebenen gehören. Wir leben von Tag zu Tag mit dem Wissen um namenlose Gruppen von Menschen, die dem Tod überlassen werden, an geschlossenen Grenzen, im Mittelmeer, in Ländern, die von Armut und einem Mangel an Lebensmitteln und medizinischer Behandlung überwältigt werden. Wenn wir begreifen wollen, was Gewaltlosigkeit heute, in dieser Welt, in der wir leben, bedeutet, müssen wir die Funktionsweisen der Gewalt kennen, gegen die wir uns wenden wollen, aber wir müssen auch grundlegende Fragen unserer Zeit neu stellen: Was verleiht einem Leben Wert? Warum werden Leben unterschiedlich gewertet? Und wie könnten wir zur Formulierung eines egalitären Imaginären als Teil unserer Praxis der Gewaltlosigkeit gelangen, einer Praxis des Widerstands, die zugleich wachsam und hoffnungsvoll ist?

In diesem Kapitel befasse ich mich mit dem Problem des Individualismus, um die Bedeutung von sozialen Bindungen und der Interdependenz für ein nicht-individualistisches Verständnis von Gleichheit hervorzuheben. Und ich werde versuchen, den Gedanken der Interdependenz mit dem der Gewaltlosigkeit zu verbinden. Im nachfolgenden Kapitel werde ich nach den Ressourcen der Moralphilosophie zur Entwicklung einer reflektierten Praxis der Gewaltlosigkeit fragen und auch der Frage nachgehen, inwieweit unsere moralischen Überlegungen zur Gewaltlosigkeit sozial geprägte Phantasien beinhalten, sodass es uns nicht immer gelingt, die demografischen Vorannahmen zu durchschauen, mit denen wir unterscheiden zwischen Leben, die wir für wertvoll erachten, und Leben, die wir für relativ oder absolut wertlos erachten. Dieses zweite Kapitel führt von Immanuel Kant zu Sigmund Freud und Melanie Klein. Im dritten Kapitel werde ich die Ethik und Politik der Gewaltlosigkeit vor dem Hintergrund heutiger Formen von Rassismus und Sozialpolitik betrachten und mich Frantz Fanon zuwenden, der uns meines Erachtens ein besseres Verständnis jener rassistischen Phantasmen ermöglicht, die den ethischen Dimensionen der Biopolitik zugrunde liegen. Und ich werde zeigen, welche Rolle Walter Benjamins *Technik ziviler Übereinkunft* spielen kann, wenn wir darüber nachdenken, wie wir mit und durch konfliktuelle Beziehungen leben können, ohne zu gewaltsamen Lösungen zu greifen. Hier gehe ich davon aus, dass Aggression Bestandteil sozialer Bindungen ist, die auf Interdependenz basieren, wobei jedoch die genaue Form dieser Aggression entscheidend für eine Praxis ist, die sich der Gewalt widersetzt und den Horizont einer neuen sozialen Gleichheit eröffnet. Die Vorstellungskraft – und das Vorstellbare – wird sich als wesentlich für diesen Argumentationsgang erweisen, denn wir sind heute ethisch verpflichtet und aufgerufen, über die vorgeblich realistischen Grenzen des Machbaren hinauszudenken.

Manche Vertreter der Geschichte des liberalen politischen Denkens möchten uns glauben machen, dass wir von einem Naturzustand aus in diese soziale und politische Welt eintreten. In diesem Naturzustand sind wir aus irgendwelchen Gründen bereits Individuen und im Konflikt miteinander. Wie wir zu Individuen wurden, wird nicht geklärt, und wir erfahren auch nicht, weshalb genau der Konflikt unsere erste leidenschaftliche Beziehung zueinander ausmacht und nicht Abhängigkeit oder Bindung. Nach Hobbes' Auffassung, der einflussreichsten für unser Verständnis gesellschaftlicher Übereinkünfte, will das eine Individuum, was ein anderes besitzt, oder beanspruchen beide ein und dasselbe Territorium, und beide bekämpfen sich, um ihre je eigenen Ziele und ihr persönliches Recht an Gütern, an der Natur und an sozialer Dominanz durchzusetzen. Der Naturzustand war natürlich immer Fiktion, wie Jean-Jacques Rousseau ganz offen zugestand, aber eine mächtige Fiktion, eine Vorstellungsweise, die unter Bedingungen der »politischen Ökonomie« möglich wurde, wie Karl Marx sagt. Diese Fiktion besitzt viele Funktionen. So gibt sie uns einen kontrafaktischen Zustand an die Hand, an dem wir unsere derzeitige Lage messen können, und sie bietet uns, wie die Science-Fiction, einen Punkt, von dem aus wir uns die Gegebenheiten und die Kontingenz der politischen Ordnung von Raum und Zeit, von Leidenschaften und Interessen in der Gegenwart vor Augen führen können. In seinem Buch über Rousseau vertritt der Literaturwissenschaftler Jean Starobinski die Auffassung, dass der Naturzustand einen imaginären Schauplatz bietet, auf dem nur ein einziges Individuum präsent ist: selbstgenügsam, ohne Abhängigkeiten, erfüllt von Eigenliebe und ohne Bedürfnis nach anderen.[2] Wo es keine anderen gibt, gibt es auch kein Gleichheitsproblem, aber sobald weitere menschliche Wesen die Szene betreten, entsteht das Problem von Gleichheit und Konflikt. Warum?

Marx kritisiert den Aspekt der Hypothese des Naturzustands, der das Individuum als vorgängig ansetzt. In seinen *Ökonomisch-philosophischen Manuskripten* von 1844 macht er sich mit viel Ironie über die Vorstellung lustig, dass Menschen am Anfang wie Robinson Crusoe selbstversorgend und ohne Abhängigkeit von anderen, ohne Arbeitsteilung und ohne jede

2 Jean Starobinski, *Jean-Jacques Rousseau: Eine Welt von Widerständen*, Frankfurt/M. 2012.

gemeinsame Organisation ihres politischen und wirtschaftlichen Lebens auf einer Insel gelebt haben sollen. Marx schreibt: »Versetzen wir uns nicht wie der Nationalökonom, wenn er erklären will, in einen nur erdichteten Urzustand. Ein solcher Urzustand erklärt nichts. Er schiebt bloß die Frage in eine graue, nebelhafte Ferne. [...] Wir gehn von einem nationalökonomischen, *gegenwärtigen* Faktum aus.«[3] Marx wollte die Fiktion zugunsten der Betrachtung der faktischen Gegenwart hinter sich lassen, aber das hielt ihn nicht davon ab, sich ebendieser Fiktionen zu bedienen, um seine Kritik der politischen Ökonomie zu entwickeln. Diese Fiktionen bilden nicht die Realität ab, aber wenn wir sie recht zu lesen verstehen, enthalten sie einen Kommentar zur Gegenwart, wie wir ihn anderswo vielleicht nicht finden würden. Man vertieft sich in die Fiktion, um die Strukturen zu begreifen, aber auch, um sich zu fragen: Was kann hier dargestellt werden und was nicht? Was ist vorstellbar und unter welchen Bedingungen?

Die einsame und selbstgenügsame Gestalt eines Robinson Crusoe war beispielsweise stets ein Erwachsener und ein Mann, die erste Figur des »natürlichen Menschen«, dessen Selbstgenügsamkeit schließlich durch die Anforderungen des sozialen und wirtschaftlichen Lebens, aber nicht infolge seines natürlichen Zustands endet. Sobald andere den Schauplatz betreten, beginnt der Konflikt – so jedenfalls wird die Geschichte erzählt. Am Anfang (zeitlich gesehen) und

3 Karl Marx, *Ökonomisch-philosophische Manuskripte aus dem Jahre 1844*, *MEW*, Bd. 40, Berlin 1968, S. 511.

grundlegend (ontologisch gesehen) verfolgen Individuen demnach ihre eigennützigen Interessen, sie geraten aneinander und kämpfen, aber der Konflikt wird erst im Rahmen eines geregelten Zusammenlebens beigelegt, da jedes Individuum vermeintlich vor dem Beitritt zum Gesellschaftsvertrag ohne Rücksicht auf andere und ohne Erwartung einer Konfliktlösung, ohne den Versuch, die gegensätzlichen Interessen auszugleichen, nur seine eigenen Bedürfnisse befriedigen will. Nach dieser Fiktion entsteht der Vertrag also vor allem als Mittel der Konfliktlösung. Jedes Individuum muss seine Wünsche einschränken, seinen Konsum-, Besitz- und Handlungsmöglichkeiten Grenzen setzen, um nach gemeinsamen, bindenden Gesetzen leben zu können. Für Hobbes werden diese Gesetze zur »gemeinsamen Macht«, die der menschlichen Natur Grenzen setzt. Der Naturzustand war eigentlich kein Ideal, und Hobbes hat (anders als Rousseau hier und da) keine »Rückkehr« zu diesem Zustand verlangt, denn für ihn bedeutete dieser Zustand eine Verkürzung des Lebens und ohne eine gemeinsame Regierung und bindende Gesetze zur Unterdrückung der konfliktträchtigen menschlichen Natur würden ihm zufolge Mord und Totschlag herrschen. Für Hobbes bedeutete der Naturzustand Krieg, aber nicht Krieg zwischen Staaten oder existierenden Mächten, sondern der Krieg eines souveränen Individuums gegen ein anderes, ein Krieg, wie zu ergänzen wäre, zwischen Individuen, die sich selbst als Souveräne begreifen. Unklar bleibt dabei, ob diese Souveränität die Souveränität eines als vom Staat unabhängig verstandenen Individuums ist, das seine eigene Souveränität auf diesen Staat überträgt, oder ob der

Staat bereits den impliziten Horizont dieses Imaginären bildet. Die politisch-theologische Konzeption der Souveränität geht dem auf das Individuum bezogenen Zugeständnis oder dem Entzug des souveränen Status schon voraus und bedingt beide und erschafft damit die Gestalt des souveränen Subjekts.

Um der Klarheit willen ist festzuhalten, dass der Naturzustand bei Locke, Rousseau und Hobbes und selbst innerhalb von Hobbes' *Leviathan* nicht ein und derselbe ist; mindestens fünf Versionen sind hier wohl zu unterscheiden.[4] Der Naturzustand kann eine Zeit vor der Gesellschaftsentstehung bezeichnen; mit dem Begriff können fremde, als vormodern betrachtete Zivilisationen beschrieben werden; er kann eine politische Psychologie gesellschaftlichen Unfriedens darstellen oder auch eine bestimmte Machtdynamik im Europa des 17. Jahrhunderts beschreiben. Mir geht es hier nicht um eine Begriffsklärung, sondern darum, wie der Naturzustand zum Ausgangspunkt einer be-

4 Nach Gregory Sadler gibt es hier »ein rhetorisches Konstrukt namens ›Naturzustand‹ als Krieg aller gegen alle ohne zivilisatorische Institutionen und ohne Zivilgesellschaft; den historischen ›Naturzustand‹, in vorpolitischen Gesellschaften, in dem Strukturen von Familie, Patronat, Clan oder Stämmen miteinander in Konflikt stehen; den historischen ›Naturzustand‹ innerhalb von Gesellschaften, in dem Bürger trotz Gesetzen und Rechtsdurchsetzung einander misstrauisch und in Furcht vor Kriminalität gegenüberstehen; den historischen ›Naturzustand‹ in den staatlichen Außenbeziehungen, d.h. im Verhältnis der Staaten zueinander; und den historischen oder möglichen ›Naturzustand‹, der im Bürgerkrieg und im Zusammenbruch der Zivilgesellschaft durch Fraktionsbildung gipfelt.« Gregory Sadler, »Five States of Nature in Hobbes's Leviathan«, in: *The Oxford Philosopher* (März 2016).

stimmten Vorstellungsweise oder Phantasievorstellung wurde, die Rousseau als »pure Fiktion« bezeichnet, in deren Mittelpunkt dann das Problem des gewaltsamen Konflikts und seiner Lösung tritt.[5] Daher stellt sich die Frage: Unter welchen historischen Bedingungen gewinnen solche Fiktionen oder Phantasievorstellungen Einfluss? Möglich und überzeugend werden sie in sozialen Konfliktlagen oder infolge von deren Geschichte, und sie repräsentieren vielleicht einen erträumten Ausweg aus dem Leid in Verbindung mit der kapitalistischen Organisationsform der Arbeit oder sie dienen der Rechtfertigung ebendieser Organisationsform. Diese Vorstellungen benennen und kommentieren die Argumente für die Stärkung der Staatsmacht und ihrer Gewaltmittel zum Zweck der Förderung oder Begrenzung des Volkswillens; sie sind am Werk, wo wir den Populismus verstehen wollen, das heißt eine Lage, in der der Volkswille als schrankenlos oder als Rebellion gegen etablierte Strukturen vorgestellt wird; sie kodieren und reproduzieren bestimmte Herrschafts- und Ausbeutungsformen, in denen Klassen und religiöse oder ethnische Gruppen gegeneinander in Stellung gebracht werden, als sei »Stammesdenken« ein primitiver oder natürlicher Zustand, der wiederkehrt und um sich greift, wo Staaten die Kontrolle verlieren, das heißt ihre eigene Gewalt, einschließlich ihrer Rechtsgewalt, nicht mehr durchsetzen können.

Wir werden hier unterscheiden zwischen *Phantasievorstellung* [*fantasy*] als einzelner oder geteilter be-

5 Jean-Jacques Rousseau, *The Political Writings of Jean-Jacques Rousseau*, hg. von C. E. Vaughan, Cambridge, UK 1915, S. 286.

wusster Wunschvorstellung und *Phantasie* [*phantasy*] mit einer unbewussten Dimension, die oft einer interpretationsbedürftigen Syntax folgt. Der Tagtraum kann an der Grenze zwischen Bewusstem und Unbewusstem schweben, aber die Phantasie, wie sie zuerst von Susan Isaacs (1948) dargestellt und dann von Melanie Klein weiter ausgearbeitet wurde, beinhaltet tendenziell komplexe unbewusste Objektbeziehungen. Unbewusste Phantasien wurden ein Ausgangspunkt für Lacans Begriff des Imaginären und bezeichnen hier unbewusste Neigungen, die Bildform annehmen und uns in ein Spannungsverhältnis zu uns selbst versetzen oder uns in verschiedene Richtungen gleichzeitig treiben und gegen die eine narzisstische Verteidigung aufgebaut wird. Laplanche fasst die Phantasie etwas anders und betont zwei unterschiedliche Aspekte. Zunächst als »imaginäres Szenarium, in dem das Subjekt anwesend ist und das in einer durch die Abwehrvorgänge mehr oder weniger entstellten Form die Erfüllung eines Wunsches, eines letztlich unbewussten Wunsches, darstellt«.[6] Zweitens verdeutlicht er in seiner Diskussion des »Phantasmas«, dass wir es hier nicht mit einer Konfrontation von Imagination und Realität zu tun haben, sondern mit einer strukturierenden psychischen Modalität, die immer die Grundlage unserer Realitätsauslegung bildet. Entsprechend schlägt er eine Reformulierung der psychoanalytischen Lehre, ausgehend von Freuds Begriff der »Urphantasie«, vor, die unsere Wahrnehmungsweisen strukturiert und ih-

6 Jean Laplanche und J.-B. Pontalis, *Das Vokabular der Psychoanalyse*, Frankfurt/M. 1973, S. 388.

ren eigenen syntaktischen Regeln folgt. Die Urphantasie stellt sich also dar als Schauplatz mit mehreren Akteuren, geleitet durch Vektoren des Begehrens und der Aggression. Damit können wir die Frage stellen, was sich eigentlich im »Naturzustand« abspielt, wenn er nicht nur als Fiktion oder als bewusste Phantasievorstellung begriffen wird, sondern als phantasmatischer Schauplatz, strukturiert durch mehrere verdeckte Determinanten. Im Folgenden möchte ich den Begriff der Phantasievorstellung vor allem für die meisten der hier betrachteten Szenen von Gewalt und Verteidigung verwenden, während ich in Bezug auf Klein, für die der Begriff eindeutig eine unbewusste Dimension besitzt, weiterhin von »Phantasie« spreche. Ich verwende die Begriffe »phantasmatisch« und »phantasmagorisch«, um das Zusammenspiel sozial geteilter oder kommunizierbarer unbewusster und bewusster Phantasievorstellungen zu beschreiben, die die Form eines Schauplatzes annehmen, ohne jedoch ein kollektives Unbewusstes vorauszusetzen.

Wenn wir den Naturzustand als Fiktion oder vielmehr als Phantasie verstehen (und beide sind, wie wir sehen werden, nicht dasselbe), können wir fragen: Welche Wünsche oder welches Begehren repräsentiert oder artikuliert er? Meines Erachtens gehören diese Wünsche weder einfach dem Individuum noch einem autonomen psychischen Leben an, sondern unterhalten vielmehr einen entscheidenden Bezug zu den sozialen und wirtschaftlichen Bedingungen, auf die sie verweisen. Dieser Bezug kann als inverses Bild fungieren, als kritischer Kommentar, als Rechtfertigung oder auch als schonungslose Kritik. Was als Ursprung oder

Ausgangszustand angesetzt wird, ist retrospektiv vorgestellt und damit gesetzt als Ergebnis einer Sequenz, die in der bereits konstituierten sozialen Welt beginnt. Und doch bleibt die Sehnsucht, von einer Grundlage, von einem imaginären Ursprung auszugehen, um sich diese Welt zu erklären oder vielleicht ihrem Schmerz und ihrer Entfremdung zu entgehen. Diese Denkweise könnte uns leicht auf einen psychoanalytischen Weg führen, wenn wir den Gedanken ernst nähmen, dass *unbewusste Formen der Phantasie* die *Grundlage* des menschlichen psychischen Lebens im Bezug zu seiner sozialen Welt bilden. Das mag auch stimmen, aber mir geht es nicht darum, Phantasievorstellungen durch Realität zu ersetzen; vielmehr möchte ich klären, inwiefern solche Phantasievorstellungen zentrale Einsichten in die Struktur und Dynamik geschichtlich konstituierter Macht- und Gewaltformen in ihrem Bezug auf Leben und Tod vermitteln können. Ich selbst kann keine kritische Widerlegung dieser Vorstellung des »bedürfnislosen Menschen« am Ursprung des sozialen Lebens liefern, ohne meinerseits von einer Mutmaßung auszugehen, die nicht mit mir beginnt, sondern in deren Bedingungen ich mich einfüge und die gleichsam die Syntax des Sozialen mithilfe eines anderen Imaginären artikuliert.

Ein bemerkenswerter Zug dieser Phantasievorstellung vom Naturzustand als »Grundlage« liegt darin, dass hier offenbar von Anfang an ein Mann da ist, und zwar ein Erwachsener, der für sich selbst und selbstgenügsam existiert. Achten wir also darauf, dass diese Erzählung nicht am Ursprung beginnt, sondern inmitten einer Geschichte, die *nicht* erzählt wird: Mit dem ersten Moment der Erzählung, der auch den Anfang von allem bilden soll, ist beispielsweise über die Geschlechtszugehörigkeit schon entschieden. Unabhängigkeit und Abhängigkeit wurden voneinander geschieden und Maskulin und Feminin sind zum Teil in Bezug auf ebendiese Verteilung der Abhängigkeit festgelegt. Die primäre Gründungsfigur des Menschlichen ist maskulin. Das überrascht nicht; Maskulinität wird durch fehlende Abhängigkeit definiert (nicht gerade neu, aber irgendwie immer noch verblüffend). Interessant scheint indes – sowohl bei Hobbes wie bei Marx –, dass der Mensch von Anfang an erwachsen ist.

Anders gesagt wird das Individuum, das uns als erster Moment des Menschlichen vorgestellt wird, als Ausbruch des Menschlichen in der Welt, gesetzt, als wäre dieses Individuum nie Kind gewesen, als hätte nie jemand für es gesorgt, als sei es nie von Eltern und Verwandten oder von sozialen Beziehungen abhängig gewesen, um überleben, um wachsen und (mutmaßlich) lernen zu können. Dieses Individuum besitzt bereits eine Geschlechtszugehörigkeit, aber keine sozial zugewiesene; vielmehr ist es, weil es *Individuum* ist – und die soziale Form ist in dieser Szene maskulin –, ein Mann. Wollen wir also diese Phantasievorstellung verstehen, müssen wir fragen, welche Version des Menschlichen und welche Version der Geschlechterzugehörigkeit es repräsentiert und welche Verschleierungen erforderlich sind, damit diese Repräsentation funktioniert. Abhängigkeit wird gleichsam aus dem Bild des Urmenschen herausretuschiert. Irgendwie geht er von Anfang an aufrecht und besitzt Fähigkeiten, ohne je von anderen unterstützt worden zu sein, ohne sich je an den Körper eines anderen geklammert zu haben, um sich im Gleichgewicht zu halten, ohne je gefüttert worden zu sein, als er sich nicht selbst ernähren konnte, ohne je von einem anderen in eine warme Decke gehüllt worden zu sein.[7] Er hatte Glück und entsprang der Einbildungskraft liberaler Theoretiker als schon ganz erwachsen, ohne Beziehungen, jedoch sehr wohl ausgestattet mit Zorn und Begehren, zuzeiten durchaus eines Glücks oder einer Selbstgenügsamkeit fähig, die von einer natürlichen Welt ganz ohne andere Menschen abhingen. Sollen wir also annehmen, dass vor dieser erzählten Szene eine Vernichtung stattgefunden hat, dass eine solche Vernichtung diese Szene erst eröffnet, indem sie alle anderen von Anfang an ausschließt und negiert? Ist das vielleicht ein erster Gewaltakt? Das ist keine Tabula rasa, sondern eine eigens *leergewischte* Tafel. Das Gleiche gilt aber auch von der Vorgeschichte des sogenannten Naturzustandes. Da der Naturzustand nach einer seiner wirkmächtigsten Varianten eine Prähistorie des sozialen und wirtschaftlichen Lebens sein soll, bildet die Auslöschung von Alterität die Vorgeschichte dieser Vorgeschichte; sie lässt vermuten, dass es sich nicht nur um das Ausspinnen einer Phantasievorstellung handelt, sondern dass wir hier dieser Phantasievorstellung eine Geschichte geben – mutmaßlich die Geschichte eines Mordes, der keine Spuren hinterlässt.

Der Gesellschaftsvertrag ist, wie zahlreiche feministische Theoretikerinnen argumentieren, immer schon

7 Vgl. Adriana Cavarero, *Inclinations: A Critique of Rectitude*, Stanford 2016.

ein *sexueller Vertrag*.[8] Bevor die Frauen aber überhaupt ins Bild kommen, gibt es nur diesen individuellen Mann. Irgendwo in dieser Szene ist auch eine Frau anwesend, aber sie wird nicht Gestalt. Wir können der Darstellung der Frau in der Szene nicht einmal widersprechen, da sie undarstellbar bleibt. Eine Art Austreibung hat stattgefunden, und an dieser leergeräumten Stelle wird der erwachsene Mann aufgerichtet. Es wird angenommen, dass er im weiteren Verlauf Frauen begehrt, aber selbst diese postulierte Heterosexualität ist frei von Abhängigkeit und beruht auf einer kultivierten Amnesie in Bezug auf ihre eigene Entstehung. Dieser Mann, so wird angenommen, begegnet anderen zum ersten Mal im Konflikt.

Warum halten wir uns überhaupt bei dieser wirkmächtigen phantasmatischen Szene der politischen Theorie auf? Mein Thema hier ist schließlich die Ethik und Politik der Gewaltlosigkeit. Ich werde auch gar nicht gegen den vorgängigen Charakter konfliktueller Beziehungen argumentieren und sogar davon ausgehen, dass der Konflikt potenziell zu jeder sozialen Bindung gehört und Hobbes hier nicht völlig falsch liegt. Tatsächlich vertritt Freud eine Hobbes'sche These, wenn er das biblische Gebot infrage stellt, seinen Nächsten zu lieben und nicht seines Nächsten Weib zu begehren. Denn weshalb, so Freud, sollten wir nicht annehmen, dass Feindseligkeit und Auseinandersetzung fundamentaler als Liebe sind? Meine These, die ich etwas

8 Carole Pateman, *The Sexual Contract*, Stanford 1988. Vgl. auch die Erwiderungen auf Pateman in »The Sexual Contract Thirty Years On«, in: *Feminist Legal Studies* 26:1 (2018), S. 93-104.

später entwickeln werde, lautet: Soll Gewaltlosigkeit als ethische und politische Position sinnvoll sein, kann das nicht einfach die Unterdrückung von Aggression oder die Leugnung ihrer Realität bedeuten; vielmehr gewinnt Gewaltlosigkeit Bedeutung eben dort, wo Zerstörung am wahrscheinlichsten oder sogar mit Sicherheit zu erwarten ist. Wenn Zerstörung das brennende Ziel des Begehrens ist und dennoch im Zaum gehalten wird – was sichert dann diese Einhegung, Begrenzung und Verschiebung? Woher stammt sie und woraus bezieht sie ihre Wirksamkeit und Dauerhaftigkeit? Von mancher Seite heißt es, diese Kontrolle sei immer Selbstkontrolle, die Externalisierung von Aggressionen werde durch das Über-Ich begrenzt, obgleich »das Über-Ich« doch unser Begriff für den Prozess der Absorption von Gewalt in die Architektur der Psyche ist. Die Ökonomie des Über-Ich ist ein Moralismus, der die Rückwendung der Gewalt gegen sich selbst in einem sich verstärkenden Double Bind ermöglicht, der auf dem psychischen Leben lastet, das diese fortdauernde Struktur der Selbstverneinung zu tragen hat. Diese Ökonomie brandmarkt die Gewalt und diese Anprangerung wird ihrerseits im Lauf der Zeit zu einer neuen Form von Gewalt. Andere sind der Auffassung, dass Gewalt nur durch Einwirkung von außen in Schach gehalten werden kann, durch Gesetze, die Regierung, wenn nötig die Polizei; das kommt der Hobbes'schen Position am nächsten. In dieser Sicht ist die Staatsmacht erforderlich, um der potenziell mörderischen Wut ihrer unbändigen Untertanen Einhalt zu gebieten. Nach einer weiteren Sichtweise gibt es in der Seele eine Zone der Ruhe oder Friedfertigkeit, und wir müssen uns darin üben, immer in dieser Zone zu verweilen und Aggressionen durch religiöse oder ethische Praktiken oder Rituale zu bändigen. Doch wie schon gesagt, trat Einstein für einen »militanten Pazifismus« ein und wir können jetzt vielleicht selbst von aggressiven Formen der Gewaltlosigkeit sprechen. Um das zu verstehen, sollten wir vielleicht zunächst über eine Ethik der Gewaltlosigkeit nachdenken, die bestimmte Formen der Abhängigkeit und Interdependenz voraussetzt, die nicht in unserer Hand liegen oder zu Quellen von Konflikt und Aggression werden. Zweitens schlage ich vor, darüber nachzudenken, in welchem Verhältnis unser Verständnis von Gleichheit zur Ethik und Politik der Gewaltlosigkeit steht. Damit diese Verbindung plausibel wird, müssten wir in unsere Idee der politischen Gleichheit die gleiche Betrauerbarkeit von Leben aufnehmen. Denn nur der Abschied von einem mutmaßlich selbstverständlichen Individualismus macht die Möglichkeit aggressiver Gewaltlosigkeit verständlich, die inmitten von Konflikten entsteht und sich im Kraftfeld der Gewalt selbst behauptet. Das heißt, dass eine solche Gleichheit nicht einfach die Gleichheit von Individuen meint, sondern vielmehr erst im Rahmen einer Kritik des Individualismus denkbar wird.

Abhängigkeit und Verpflichtung

Versuchen wir es also mit einer anderen Geschichte. Sie beginnt so: Jedes Individuum entsteht im Verlauf des Prozesses der Individuation. Keiner wird als Individuum geboren; wenn jemand im Verlauf der Zeit zum Individuum wird, entgeht er oder sie in diesem Prozess nicht den grundlegenden Bedingungen der Abhängigkeit. Diese Bedingungen können nicht durch den bloßen Zeitablauf überwunden werden. Wir alle wurden, unabhängig von unseren späteren politischen Auffassungen, in einen Zustand radikaler Abhängigkeit hineingeboren. Wenn wir als Erwachsene an diesen Zustand zurückdenken, empfinden wir vielleicht eine gewisse Herabsetzung oder Beunruhigung oder wir wollen nichts mehr davon wissen. Jemand mit einem starken Sinn individueller Selbstgenügsamkeit wird sich vielleicht wirklich durch die Tatsache gekränkt sehen, dass er sich einmal nicht selbst ernähren und nicht auf eigenen Füßen stehen konnte. Meiner Ansicht nach steht aber überhaupt niemand für sich allein und streng genommen ernährt sich auch niemand allein. Die Disability Studies haben uns gezeigt, dass schon der Gang die Straße entlang etwa bestimmte Gehwege erfordert, insbesondere, wenn man auf einen Rollstuhl oder andere Hilfsmittel angewiesen ist.[9] Der Belag ist dabei ebenso Hilfsmittel wie Ampeln oder Bordsteine. Nicht nur Menschen mit Behinderung brauchen Unterstützung zur Bewegung, zur Ernährung, ja zum Atmen. Alle diese grundlegenden menschlichen Fähigkeiten bedürfen in der einen oder anderen Weise der Unterstützung. Niemand bewegt sich, atmet oder findet Nahrung ohne Unterstützung durch eine Welt, die das Umfeld bietet, in dem Bewegung, die Zubereitung und Verteilung von Nahrung

9 Vgl. Jos Boys (Hg.), *Disability, Space, Architecture: A Reader*, New York 2017.

zum Verzehr und Umweltbedingungen möglich sind, unter denen wir Luft von atembarer Qualität haben.

Abhängigkeit lässt sich teilweise definieren als das Sichverlassen auf soziale und materielle Strukturen und auf die Umwelt, denn auch letztere ermöglicht erst Leben. Ungeachtet unserer Probleme mit der Psychoanalyse – und was ist Psychoanalyse schließlich, wenn nicht eine Theorie und Praxis, mit der man Probleme austrägt –, können wir vielleicht sagen, dass wir mit dem Erwachsenwerden die Abhängigkeiten der Kindheit nicht überwinden. Das heißt nicht, dass die Erwachsene auf dieselbe Weise abhängig ist wie das Kind, sondern nur, dass wir zu Geschöpfen geworden sind, die ständig Selbstgenügsamkeit imaginieren und dieses Selbstbild im Lauf des Lebens immer wieder infrage gestellt sehen. Das ist natürlich eine Lacan'sche Position, bekannt vor allem durch das »Spiegelstadium«: der triumphierende kleine Junge, der in den Spiegel schaut und glaubt, auf eigenen Füßen zu stehen, während wir, die wir ihn beobachten, wissen, dass die Mutter oder ein verborgenes Hilfsmittel (*trotte-bébé*) ihn vor dem Spiegel aufrecht hält, während er seine radikale Selbstgenügsamkeit bejubelt.[10] Wir könnten vielleicht sagen, dass der Gründungstriumph des liberalen Individualismus eine Art Spiegelstadium ist und sich im Raum eines Imaginären von dieser Art bewegt. Welche Unterstützung, welche Abhängigkeit muss man verleugnen, um zur Phantasievorstellung der Selbstgenügsamkeit zu gelangen, um die Geschich-

10 Jacques Lacan, »Das Spiegelstadium als Bildner der Ich-Funktion«, in: ders., *Schriften*, Berlin 1986, S. 61-70.

te mit zeitloser erwachsener Maskulinität beginnen lassen zu können?

Diese Szene impliziert natürlich, dass Maskulinität mit phantasmatischer Selbstgenügsamkeit zusammenzufallen scheint, während Femininität mit der nur zu oft verleugneten, von ihr ausgehenden Unterstützung identifiziert wird. Ein solches Bild und eine solche Geschichte hält uns aber in einer wenig hilfreichen Ökonomie der Geschlechterbeziehungen fest. Heterosexualität ist hier der vorausgesetzte Rahmen, abgeleitet von der Theorie der Mutter-Kind-Beziehung; aber die unterstützenden Beziehungen des Kindes lassen sich auch anders fassen. Die nach Geschlechterbeziehungen geordnete Familienstruktur wird hier als selbstverständlich angenommen, womit natürlich auch die Pflegearbeit der Mutter und die vollständige Abwesenheit des Vaters verschleiert werden. Wenn wir all das als symbolische Struktur statt bloß als spezifisches Imaginäres nehmen, akzeptieren wir bereits ein Gesetz, das sich nur schrittweise und über sehr lange Zeit verändern lässt. Die Theorie, die diese Phantasievorstellung samt ihrer Asymmetrie und geschlechterspezifischen Arbeitsteilung beschreibt, reproduziert und bekräftigt unter Umständen nur deren Bedingungen, wenn sie uns keinen Ausweg aufzeigt und nach der Szene fragt, die dieser Szene vorhergeht oder außerhalb dieser Szene liegt, wenn sie also nicht gleichsam nach dem Moment vor dem Anfang fragt.

Gehen wir nun von der Abhängigkeit zur Interdependenz über und werfen wir die Frage auf, wie sich damit unser Verständnis von Verletzlichkeit, Konflikt, Erwachsensein, Gesellschaftlichkeit, Gewalt und Politik verändert. Ich stelle diese Frage, weil die Gegebenheiten der globalen Interdependenz sowohl auf wirtschaftlicher wie auf politischer Ebene geleugnet werden. Oder sie werden ausgenutzt. Natürlich feiert die Unternehmenswerbung eine globalisierte Welt, aber die Idee der größeren Reichweite von Unternehmen erfasst nur einen Aspekt der Globalisierung. Nationalstaatliche Souveränität mag im Schwinden begriffen sein, aber neue Nationalismen halten an diesem Rahmen fest.[11] Einer der Gründe dafür, weshalb Regierungen wie die der Vereinigten Staaten so schwer von der realen Bedrohung der lebensfähigen Welt durch den Klimawandel zu überzeugen sind, liegt darin, dass ihre Rechte zur Erweiterung von Produktion und Märkten, zur Ausbeutung der Natur und zur Erzielung von Profit weiterhin auf das Argument der Förderung von Gesundheit und Macht im Rahmen des Nationalstaates konzentriert bleiben. Sie rechnen vielleicht gar nicht mit der Möglichkeit, dass ihr Handeln Auswirkungen auf alle Regionen der Welt hat und dass das, was in anderen Teilen der Welt geschieht, die Bedingungen des Erhalts einer lebensfähigen Umwelt selbst betrifft, von der wir alle abhängig sind. Vielleicht ist ihnen auch klar, dass ihr Tun auf globaler Ebene destruktiv ist, und vielleicht erscheint ihnen auch das als ihr Recht, als Macht, als Privileg, das durch nichts und niemanden infrage gestellt werden sollte.

Der Gedanke globaler Pflichten zugunsten aller Bewohner der Erde – Menschen und Tiere – ist denk-

11 Wendy Brown, *Mauern. Die neue Abschottung und der Niedergang der Souveränität*, Berlin 2018.

bar weit von der neoliberalen Überhöhung des Individualismus entfernt und wird dennoch regelmäßig als naiv beiseitegeschoben. Ich fasse mir also ein Herz und lege hier meine Naivität bloß, meine Phantasievorstellung oder, wenn man will, meine Gegen-Phantasievorstellung. Manche sagen mehr oder weniger ungläubig: »Wie kannst du an globale Pflichten glauben? Das ist doch wohl naiv!« Wenn ich aber zurückfrage, ob sie wirklich in einer Welt leben wollen, in der niemand für globale Pflichten eintritt, lautet die Antwort in der Regel: Nein. Meiner Auffassung nach ermöglicht das Bekenntnis zu dieser Interdependenz allererst die Formulierung globaler Pflichten einschließlich Verpflichtungen gegenüber Migranten, den Roma, denen, die unter prekären Bedingungen leben, und auch gegenüber denen, die unter Besatzung und Krieg, unter institutionalisiertem und systematischem Rassismus leiden, gegenüber Ureinwohnern, deren Ermordung und Verschwinden nie vollständig ins öffentliche Bewusstsein dringen, gegenüber Frauen, die mit häuslicher und öffentlicher Gewalt und Belästigungen am Arbeitsplatz konfrontiert sind, und gegenüber Menschen, die nicht genderkonform sind und körperlicher Gewalt bis hin zu Inhaftierung und Tod ausgesetzt sind. Ich bin auch der Auffassung, dass eine neue Idee der Gleichheit genauere Vorstellungen unserer Interdependenz benötigt, Vorstellungen, die sich in Praktiken und Institutionen sowie in neuen Formen des gesellschaftlichen und politischen Lebens entfalten. Sich Gleichheit auf diese Weise vorzustellen zwingt uns aber zugleich, neu darüber nachzudenken, was wir eigentlich meinen, wenn wir von Gleichheit *zwischen* Individuen sprechen. Natürlich ist es gut, dass Personen als einander gleichgestellt behandelt werden. (Ich bin, um das ganz klar zu sagen, uneingeschränkt für gesetzliche Diskriminierungsverbote.) Aber Formulierungen wie diese, so wichtig sie auch sein mögen, sagen noch nichts darüber, kraft welcher Beziehungen soziale und politische Gleichheit überhaupt erst denkbar wird. Sie betrachten die individuelle Person als Gegenstand der Analyse und nehmen dann Vergleiche vor. Begreift man Gleichheit als individuelles Recht (wie im Recht auf Gleichbehandlung), trennt man sie von den sozialen Pflichten ab, die wir gegeneinander haben. Versteht man Gleichheit aber auf der Basis der Beziehungen, die unsere fortdauernde soziale Existenz und die uns als soziale lebendige Wesen definieren, dann erhebt man damit einen sozialen Anspruch, einen kollektiven Anspruch an die Gesellschaft, wo nicht einen Anspruch auf das Soziale als Rahmen, in dem unsere Vorstellungen von Gleichheit und Gerechtigkeit überhaupt erst Form annehmen und Sinn haben können. Welche Gleichheitsforderungen dann auch erhoben werden, sie ergeben sich aus den Beziehungen *zwischen* Menschen, im Namen dieser Beziehungen und dieser Bindungen und nicht als Merkmale eines individuellen Subjekts.[12] Gleichheit ist also ein Merkmal sozialer Beziehungen und ihre Artikulation basiert auf der zunehmend *anerkannten* Interdependenz. Lässt man den Körper als »Einheit« fahren, können die uns gesetzten

12 Eine starke analytische Auffassung relationaler Gleichheit vertritt Elizabeth Anderson, »What Is the Point of Equality?«, in: *Ethics* 109:2 (1999), S. 287-337.

Grenzen als relationale und soziale Einschränkungen betrachtet werden: als Quellen für Freude, Verletzlichkeit, Empfindlichkeit gegenüber Wärme und Kälte und für unsere stetige Suche nach Nahrung, Miteinandersein und Sexualität.

Ich habe an anderer Stelle erläutert, weshalb »Verletzlichkeit« nicht als subjektiver Zustand, sondern als Merkmal unseres geteilten oder interdependenten Lebens betrachtet werden sollte.[13] Wir sind niemals einfach nur verletzbar, sondern immer verletzbar durch eine bestimmte Situation, eine Person, eine soziale Struktur, durch irgendetwas, auf das wir uns verlassen und bezüglich dessen wir exponiert sind. Man könnte vielleicht sagen, wir sind angreifbar durch jene Umwelt- und Gesellschaftsstrukturen, die unser Leben erst ermöglichen, und wo sie versagen, scheitern auch wir. Abhängigkeit impliziert Verletzbarkeit; wenn die sozialen Strukturen, von denen man abhängt, versagen, gerät man in eine prekäre Lage. Wenn dem so ist, sprechen wir hier nicht von meiner oder deiner Verletzbarkeit, sondern von einem Merkmal der Beziehung, die uns aneinander und an die umfassenderen Strukturen und Institutionen bindet, von denen unser Weiterleben abhängt. Verletzbarkeit oder Gefährdung ist nicht ganz dasselbe wie Abhängigkeit. Ich bin, um zu leben, von jemandem, von etwas oder von bestimmten Bedingungen abhängig. Wenn dieser jemand verschwindet, wenn dieser Gegenstand mir entzogen wird, wenn

13 Vgl. meinen Text »Rethinking Vulnerability and Resistance«, in: Judith Butler, Zeynep Gambetti und Leticia Sabsay (Hg.), *Vulnerability in Resistance*, Durham, NC 2016.

diese gesellschaftliche Institution zusammenbricht, drohen mir Entrechtung, Alleingelassenwerden oder Ausgesetztsein, die mir das Leben unmöglich machen können. Ein relationales Verständnis dieser Gefährdung zeigt, dass unser eigenes Leben nicht von den Bedingungen zu trennen ist, die unser Leben möglich oder unmöglich machen. Anders gesagt: Weil wir nicht ohne diese Bedingungen leben können, sind wir niemals vollständig individualisiert.

Das bedeutet unter anderem, dass die Pflichten, die uns aneinander binden, in der Interdependenz gründen, die uns unser Leben ermöglicht, uns aber auch der Gefährdung durch Ausbeutung und Gewalt aussetzen können. Die politische Organisation des Lebens selbst erfordert, dass diese Interdependenz – und die mit ihr implizierte Gleichheit – durch Politik, Institutionen, Zivilgesellschaft und die Regierung anerkannt wird. Akzeptieren wir das Bestehen oder das Erfordernis globaler Pflichten – also von Pflichten, die auf globaler Ebene geteilt und als bindend angesehen werden sollten –, dann lassen sie sich nicht auf Verpflichtungen reduzieren, die einzelne Nationalstaaten gegeneinander haben. Diese Pflichten müssten postnationaler Art und grenzüberschreitend situationsangepasst sein, da grenznahe oder grenzüberschreitende Bevölkerungsgruppen (Staatenlose, Flüchtlinge) zum umfassenderen Beziehungsnetzwerk gehören, das von globalen Pflichten impliziert wird.

Wie dargelegt, besteht die Aufgabe meines Erachtens nicht darin, Selbstgenügsamkeit durch die Überwindung von Abhängigkeiten zu erlangen, sondern darin, Abhängigkeit als Voraussetzung für Gleichheit zu akzeptieren. Daraus ergibt sich ein unmittelbarer und wichtiger Einwand. Es gibt schließlich eine Art kolonialer Macht, die die sogenannte »Abhängigkeit« der Kolonisierten festigen will und behauptet, Abhängigkeit sei ein wesentliches Merkmal kolonisierter Populationen.[14] Mit dieser Art Abhängigkeit werden Rassismus und Kolonialismus gefestigt; hier wird der Grund der Unterordnung einer Bevölkerungsgruppe als psychosoziales Merkmal der betreffenden Gruppe selbst ausgegeben. Wie der französisch-tunesische Romancier und Essayist Albert Memmi dargelegt hat, versteht sich hier die Kolonialmacht selbst als Erwachsener auf dem Schauplatz, als derjenige, der eine kolonisierte Bevölkerung aus ihrer »kindlichen« Abhängigkeit in ein aufgeklärtes Erwachsensein führen kann.[15] Diese Gestalt des Kolonisierten als der Führung bedürftiges Kind begegnet uns auch in Kants berühmtem Aufsatz »Was ist Aufklärung?« In Wahrheit ist aber der Kolonisator vom Kolonisierten abhängig, denn verweigert der Kolonisierte die Unterordnung, droht dem Kolonisierer der Verlust seiner kolonialen Macht. Einerseits scheint es gut, Abhängigkeit zu überwinden, die sich einer kolonialen Struktur oder einem ungerechten Staat oder einer ausbeuterischen Ehe verdankt. Der Bruch mit solchen Formen der Unterwerfung ist Teil des Emanzipationsprozesses, der Forderung sowohl nach Gleichheit wie nach Freiheit. Aber welche

14 Nancy Fraser und Linda Gordon, »A Genealogy of Dependency: Tracing a Keyword of the U.S. Welfare State«, in: *Signs* 19:2 (1994), S. 309-336.

15 Albert Memmi, *Trinker und Liebende. Versuch über die Abhängigkeit*, Hamburg 2000.

Version von Gleichheit wollen wir dann akzeptieren? Und welche Version von Freiheit? Sprengen wir die Ketten der Abhängigkeit im Versuch der Überwindung von Unterwerfung und Ausbeutung – heißt das, dass wir dann die Unabhängigkeit hochschätzen? Ja, das ist durchaus richtig. Folgt diese Unabhängigkeit aber dem Modell der Dominanz und bricht sie mit jenen Formen der Interdependenz, die wir für wichtig halten, was dann? Führt uns Unabhängigkeit auf eine Weise zurück zur Souveränität des Individuums oder des Staates, die ein postsouveränes Verständnis des Zusammenlebens undenkbar macht, dann sind wir damit zurück bei einer Version von Selbstgenügsamkeit, die endlose Konflikte impliziert. Erst vor dem Hintergrund eines erneuerten und neu wertgeschätzten Begriffs der Interdependenz zwischen Regionen und Weltgegenden können wir überhaupt einen Begriff von der Bedrohung der Umwelt, dem Problem des globalen Slums, von systematischem Rassismus, der Lage von Staatenlosen, für die die Weltgemeinschaft als ganze verantwortlich ist, und auch von der tatsächlichen Überwindung kolonialer Machtformen entwickeln. Und erst von hier aus können wir eine andere Sicht von gesellschaftlicher Solidarität und Gewaltlosigkeit entwickeln.

Ich bewege mich in diesem Buch zwischen einer psychoanalytischen und einer gesellschaftstheoretischen Auffassung von Interdependenz und will damit den Grundstein für eine Praxis der Gewaltlosigkeit im Rahmen eines neuen egalitären Imaginären legen. Diese Analyseebenen müssen zusammengeführt werden, ohne dass der psychoanalytische Rahmen zum Modell aller sozialen Beziehungen gerät. Die Kritik der Ich-Psychologie gibt der Psychoanalyse jedoch eine gesellschaftliche Bedeutung, die sie mit weiterreichenden Überlegungen zu unseren Lebensgrundlagen und deren Bestand verknüpft – Fragen, die für jede biopolitische Fragestellung zentral sind. Meine Gegenthese zur Naturzustandshypothese lautet, dass kein Körper sich aus eigener Kraft erhalten kann. Der Körper ist kein und war nie ein selbstgenügsames Wesen und unter anderem aus diesem Grund war die Metaphysik der Substanz mit ihrer Auffassung des Körpers als ausgedehntes, von Grenzen umgebenes Wesen nie ein besonders guter Rahmen, um zu verstehen, was ein Körper ist. Der Körper ist für sein Bestehen auf andere verwiesen, er ist auf andere Hände angewiesen, bevor er seine eigenen gebrauchen kann. Kann die Metaphysik dieses unumgehbare Paradox in Begriffe fassen? So rein interpersonal dieser Bezug zu sein scheint, ist er auch in einem breiteren Sinn gesellschaftlich organisiert und verweist auf die soziale Verfasstheit des Lebens. Wir alle beginnen unser Leben, indem wir anderen überantwortet sind, eine Lage, die zugleich passiv und belebend ist. Das geschieht, wenn ein Kind geboren wird: Jemand gibt das Kind in die Hände eines anderen. Von Anfang an werden wir gegen unseren Willen gleichsam gehandhabt, da der Wille der Prozess ist, der uns erst formt. Selbst das Kind Ödipus wurde in die Hände jenes Schäfers gegeben, der es in den Bergen sterben lassen sollte. Das war eine beinahe tödliche Handlung, da seine Mutter Ödipus ja jemandem überließ, der dafür sorgen sollte, dass er stirbt. Gegen den eigenen Willen in jemandes Hand gegeben zu werden ist nicht immer schön. Das Kleinkind wird jemandem übergeben, von dem in der Regel angenommen wird, dass er sich um es kümmert; es wird auf eine Weise übergeben, die nicht immer als Akt des eigenen Willens oder der freien Entscheidung erlebt wird. Das Sichkümmern vollzieht sich nicht immer im Konsens und es nimmt nicht immer die Gestalt eines Vertrags an. Es kann auch bedeuten, wieder und wieder durch die Ansprüche eines jammernden und hungrigen Geschöpfs an die eigenen Grenzen zu stoßen. Aber hier ist auch ein umfassenderer Anspruch im Spiel, der nicht auf einer bestimmten Vorstellung der sozialen Regelung der Mutterschaft oder der Versorgung beruht. Unserer fortbestehenden Abhängigkeit von sozialen und wirtschaftlichen Formen der Unterstützung des Lebens selbst entwachsen wir nicht; diese Abhängigkeit verwandelt sich nicht im Lauf der Zeit in Unabhängigkeit. Wo man auf nichts mehr bauen kann, wo gesellschaftliche und soziale Strukturen zusammenbrechen oder verweigert werden, gerät das Leben ins Schlingern oder scheitert, es wird prekär. Diese andauernde Gefährdung kann für die Betreuung von Kindern oder Alten noch schmerzlichere Folgen haben, auch für körperlich eingeschränkte Menschen, aber letztlich sind wir allesamt in dieser Lage.

Was bedeutet es, »in die Hände eines anderen gegeben« zu werden? Heißt es auch, dass uns selbst jemand anvertraut ist? Sind wir zugleich diejenigen, die überantwortet werden und denen andere überantwortet sind, eine Art Asymmetrie für jeden, die jedoch auch Wechselseitigkeit ist, wo sie als soziale Beziehung betrachtet wird? Wenn die Welt uns im Stich lässt, wenn wir im sozialen Sinn selbst weltlos werden, leidet der Körper und offenbart seine Prekarität; diese Demonstration der Prekarität bildet selbst oder beinhaltet selbst eine politische Forderung, ja einen Ausdruck der Empörung. Körper zu sein, der Verletzungen oder dem Tod ausgesetzt ist, heißt eben, eine Form der Prekarität sichtbar machen, aber es heißt auch, unter Formen der Ungleichheit zu leiden, die ungerecht sind. Die Lage von Bevölkerungsgruppen, die zunehmend in Umstände unlebbarer Prekarität geraten, stellt uns also vor die Frage globaler Verpflichtungen. Wenn wir fragen, weshalb uns eigentlich das Leiden fern von uns lebender anderer kümmern sollte, liegt die Antwort nicht in paternalistischen Begründungen, sondern in der Tatsache, dass wir die Welt gemeinsam in Beziehungen der wechselseitigen Abhängigkeit bewohnen. Unser Schicksal liegt gleichsam wechselseitig in unseren Händen.

Wir haben uns also weit von derjenigen Gestalt Robinson Crusoes entfernt, von der wir ausgegangen sind. Denn das verkörperte Subjekt ist gerade durch seinen Mangel an Selbstgenügsamkeit definiert. Damit beginnen wir auch schon zu sehen, welche Rolle Verlangen, Begehren, Zorn und Angst in dieser Szenerie spielen, insbesondere da, wo Gefährdung unerträglich oder Abhängigkeit unbeherrschbar wird. Solchen Bedingungen ausgesetzt zu sein kann zu verständlicher Wut führen. Unter welchen Bedingungen wird Interdependenz zum Schauplatz von Aggression, Konflikt und Gewalt? Wie haben wir das destruktive Potenzial dieser sozialen Bindung zu verstehen?

Moralphilosophen und Theologen haben die Frage gestellt: Wo liegt die Begründung für die Behauptung, Töten sei falsch und das Verbot des Tötens sei gerechtfertigt? Gewöhnlich wird hier gefragt, ob dieses Verbot oder Gebot absolut gilt, ob es theologischer oder sonstiger konventioneller Art ist, ob es sich um ein rechtliches oder moralisches Problem handelt. Diese Frage geht auch immer mit einer weiteren einher, nämlich der, ob es berechtigte Ausnahmen für ein solches Verbot gibt, in denen Verletzen oder gar Töten gerechtfertigt ist. Daraus ergeben sich in der Regel Debatten über solche möglichen Ausnahmen und darüber, was sie über den nicht-absoluten Charakter dieses Verbots aussagen. An diesem Punkt kommt dann gewöhnlich die Selbstverteidigung ins Spiel.

Die Ausnahme von der Regel ist wichtig, vielleicht wichtiger als die Regel selbst. Wenn es etwa Ausnahmen vom Tötungsverbot gibt, und wenn es solche Ausnahmen *immer* gibt, scheint das zu bedeuten, dass das Tötungsverbot nicht absolut gilt. Das Verbot scheint sich in bestimmten Situationen nicht durchsetzen zu können, oder es hält sich zurück oder setzt seine eigene Macht der Beschränkung aus.

»Selbstverteidigung« ist ein sehr ambivalenter Begriff, wie wir in militaristischen Formen der Außenpolitik sehen können, die jeden Angriff als Selbstverteidigung rechtfertigt, und wie das aktuelle amerikanische Recht verdeutlicht, das Bestimmungen für Präventivtötungen vorsieht. Selbstverteidigung erstreckt sich faktisch auch auf Nahestehende, Kinder oder Tiere oder andere, auf Geschöpfe also, deren Bezug zu mir Teil meines Selbstseins ist. Daher ist die Frage nach dem angebracht, was diese Bezüge definiert und eingrenzt, inwiefern der Begriff des Selbst auf diese Weise Gruppen anderer einschließen kann und weshalb diese Gruppen in der Regel als Blutsverwandte oder Angeheiratete verstanden werden. Hier wird eine willkürliche und zweifelhafte Unterscheidung sichtbar zwischen denen, die einem nahestehen und zu deren Schutz man Gewalt anwenden oder sogar töten darf, und denen, die einem nicht nahestehen und für die oder zu deren Verteidigung man *nicht* töten darf. Was und wer ist Teil des Selbst, das man ist, und welche Beziehungen gehören zu diesem »Selbst«, das zu verteidigen ist? Wiegt unsere ethische Pflicht zum Erhalt des Lebens der uns Nahestehenden schwerer als der Einsatz für das Leben derer, die als uns im geografischen, wirtschaftlichen oder kulturellen Sinn fernerstehend gelten?

Verteidige ich mich selbst oder diejenigen, die als mir zugehörig (oder als nahestehend genug, um sie zu kennen und zu lieben) gelten, ist dieses Selbst, das ich bin, in der Tat ein relationales, aber die Beziehungen, die als zu diesem Selbst gehörig gelten, sind beschränkt auf diejenigen, die mir nahe und mir ähnlich sind. Gerechtfertigt ist der Einsatz von Gewalt zur Verteidigung derjenigen, die der Region oder dem Regime des Selbst zugehören. Eine bestimmte Gruppe ist dann durch meinen erweiterten Anspruch auf Selbstverteidigung mit abgedeckt und gilt als der gewaltsamen Verteidigung gegen Gewalt wert, das heißt als der Verteidigung gegen Gewalt, die anderen und nicht einem selbst angetan wird. Das Gewaltverbot erscheint innerhalb der Ausnahme erneut. Das Verbot gilt nun für die andere Gruppe, die *nicht* zur Region meines Selbst gehört. Ohne dieses wirksame Verbot darf ich oder dürfen wir offenbar töten.

An diesem Punkt, an dem man selbst oder die eigene Gruppe gewaltsam gegen Gewalt verteidigt, was dieses »Selbst« ausmacht, wird nicht nur eine ziemlich weit gefasste und folgenreiche Ausnahme vom Gewaltverbot gemacht, es bröckelt auch die Unterscheidung zwischen der Kraft des Gewaltverbots und der verbotenen Gewalt. Die Ausnahme vom Verbot öffnet eine Tür zum *Krieg*, in dem die gewaltsame Verteidigung meiner selbst oder der mir Zugehörigen im Namen der Selbstverteidigung grundsätzlich rechtens ist, während die Verteidigung anderer, die mir nicht zugehören, gewiss nicht rechtens ist. Das bedeutet, es wird immer diejenigen geben, deren Leben ich *nicht* verteidige, und es wird immer diejenigen geben, die das Leben der meinem weiter gefassten Selbst Zugehörigen mit Gewalt bedrohen, also jene, deren ethische Ansprüche an mich ich als bindend anerkenne. In solchen Momenten erweist sich das Gewaltverbot erneut als nicht absolut und die Ausnahme vom Verbot wird zum potenziellen Kriegszustand oder jedenfalls zu einem Zustand, der dessen Logik folgt. Wenn man bereit ist, für die eine oder andere Person, die einem nahesteht und zu der man Bindungen unterhält, zu töten, stellt sich die Frage, was letzten Endes den Nahestehenden vom nicht Nahestehenden unterscheidet und unter welchen Bedingungen diese Unterscheidung als ethisch begründbar gelten könnte.

Natürlich würden internationale Menschenrechtsverfechter einschließlich der in den Vereinigten Staaten als »liberale Falken« bezeichneten argumentieren, daraus folge, dass wir, insbesondere in der Ersten Welt, jederzeit bereit sein sollten, für alle und jeden in den Krieg zu ziehen. Mein Punkt ist aber ein ganz anderer. Die Ausnahmen von der Norm der Gewaltlosigkeit führen tatsächlich nach und nach zu Formen der Gruppenidentifikation, ja des Nationalismus, die in eine bestimmte Kriegslogik münden. Diese Entwicklung verläuft so: Ich bin bereit zur Verteidigung derjenigen, die mir *gleichen* oder die als Teil des verallgemeinerten Regimes meines Selbst gelten können, aber ich bin nicht bereit, diejenigen zu verteidigen, die mir nicht gleichen. Daraus ergibt sich dann sehr schnell: Ich verteidige nur die, die mir gleichen oder die für mich als mir gleich anerkennbar sind, aber ich verteidige sie *gegen* jene, die für mich nicht als mir gleich anerkennbar sind und zu denen ich keine Bindungen erkennen kann. Vor diesem Hintergrund stellt sich mir unter anderem die Frage, ob es eine Norm gibt, nach der unterschieden werden kann zwischen der Gruppe derjenigen, deren Leben der Verteidigung wert ist, und der Gruppe derjenigen, gegen die ich diese Gruppe verteidige, die ihr nicht angehören und deren Leben nicht der Verteidigung wert ist. Denn in der Art der Ausnahme vom Gewaltverbot ist schon angelegt, dass es Zugehörige und Schutzwürdige auf der einen Seite und auf der anderen Seite Nicht-Zugehörige gibt, denen gegenüber man sich auf das Prinzip der Gewaltlosigkeit berufen kann und für die einzutreten man sich dann weigert.

Das mag zynisch klingen, soll aber nur verdeutlichen, dass manche unserer moralischen Grundsätze vielleicht schon im Dienst anderer politischen Interessen und Rahmenbedingungen stehen. Die Unterscheidung zwischen Bevölkerungsgruppen, die der gewaltsamen Verteidigung wert bzw. nicht wert sind, impliziert, dass das Leben der einen schlicht als wertvoller gilt als das Leben der anderen. Ich wollte also darauf hinweisen, dass das Prinzip, nach dem Ausnahmen von der Gewaltlosigkeit gemacht werden, zugleich ein Maß für die Unterscheidung zwischen Bevölkerungsgruppen enthält: dort diejenigen, die man *nicht* zu betrauern bereit ist oder die die Kriterien der Betrauerbarkeit nicht erfüllen, hier diejenigen, die zu betrauern man bereit *ist* und deren Tod in jedem Fall verhindert werden sollte.

Machen wir also Ausnahmen vom Grundsatz der Gewaltlosigkeit, zeigt das, dass wir bereit sind zu kämpfen und zu verletzen, vielleicht sogar zu morden, und dass wir bereit sind, dafür moralische Gründe anzuführen. Nach dieser Logik handelt man in diesem Fall entweder zur Selbstverteidigung oder zur Verteidigung jener, die zum weiter gefassten Regime des Selbst gehören, mit denen man sich identifizieren kann oder die wir als dem weiteren sozialen oder politischen Raum zugehörig anerkennen, in dem wir uns auch selbst verorten. Wenn das stimmt (dass ich manche zu verletzen oder zu töten bereit bin im Namen anderer, mit denen ich meine soziale Identität teile oder die ich in der einen oder anderen Art liebe, die für mein eigenes Selbstsein wesentlich ist), dann gibt es eine moralische Rechtfertigung von Gewalt, deren Basis demografischer Art ist.

Was hat die Demografie in dieser ethischen Debatte über Ausnahmen vom Gewaltverbot zu suchen? Ich möchte einfach darauf hinweisen, dass sich der ursprüngliche moralische Rahmen zum Verständnis der Gewaltlosigkeit in eine andere Art von Problem verwandelt, nämlich in ein politisches Problem. Zunächst ist die Norm zur Unterscheidung zwischen Leben, die wir zu verteidigen bereit sind, und faktisch entbehrlichen Leben Teil einer umfassenderen Funktionsweise von Biomacht, die ungerechtfertigt zwischen betrauerbarem und nicht betrauerbarem Leben unterscheidet.

Gehen wir jedoch davon aus, dass alle Leben gleichermaßen betrauerbar sind und dass die politische Welt daher so verfasst sein sollte, dass dieser Grundsatz auch im wirtschaftlichen und institutionellen Leben greift, gelangen wir zu einem anderen Schluss und vielleicht auch zu einem anderen Ansatz beim Problem der Gewaltlosigkeit. Gilt ein Leben von Anfang an als betrauerbar, wird schließlich jede Maßnahme ergriffen, um dieses Leben vor Schaden und Zerstörung zu bewahren. Anders gesagt: Was wir als »radikale Gleichheit der Betrauerbarkeit« bezeichnen könnten, ließe sich als demografische Voraussetzung einer Ethik der Gewaltlosigkeit verstehen, die keine Ausnahmen kennt. Ich sage nicht, dass niemand sich selbst verteidigen sollte oder dass es keine Fälle gibt, die ein Eingreifen erfordern – Gewaltlosigkeit ist schließlich kein absolutes Prinzip, sondern ein unabschließbarer Kampf gegen Gewalt und ihre Gegenkräfte.

Ich möchte hier die Auffassung vertreten, dass ein durch und durch *egalitärer Ansatz zum Schutz des Lebens* eine Perspektive radikaler Demokratie in die ethischen Überlegungen zur besten praktischen Umsetzung von Gewaltlosigkeit einbringt. Innerhalb eines solchen Imaginären, in einer solchen versuchsweisen Weltbetrachtung gäbe es keinen Unterschied zwischen schutzwürdigen und potenziell betrauerbaren Leben. Betrauerbarkeit bestimmt ganz wesentlich über den Umgang mit lebendigen Geschöpfen und erweist sich als integrale Dimension der Biopolitik und des Nachdenkens über die Gleichheit alles Lebenden. Ich vertrete ferner die Auffassung, dass diese Argumentation zugunsten der Gleichheit direkte Auswirkungen auf die Ethik und Politik der Gewaltlosigkeit hat. Die Praxis der Gewaltlosigkeit mag sehr wohl ein Tötungsverbot enthalten, ist aber nicht darauf zu reduzieren. Eine Antwort etwa auf die »Pro Leben«-Position ist, zunächst für den gleichen Wert jedes Lebens zu argumentieren und zu zeigen, dass diese Position tatsächlich der *Ungleichheit* der Geschlechter verpflichtet ist, indem sie dem Embryo ein Lebensrecht zuspricht, während sie den Anspruch von Frauen auf ihr eigenes Leben im Namen von Freiheit und Gleichheit als nachrangig behandelt. Eine solche Position ist unvereinbar mit sozialer Gleichheit und vertieft die Kluft zwischen betrauerbarem und nicht betrauerbarem Leben. Einmal mehr werden Frauen hier zu Unbetrauerbaren.

Wenn unsere ethische und politische Praxis sich weiter auf den individuellen Lebensmodus und die individuelle Entscheidungsfreiheit oder auf eine Tugendethik konzentriert, der es darum geht, was wir als Individuen sind, laufen wir Gefahr, jene soziale und ökonomische Interdependenz aus den Augen zu verlieren, in der sich eine verkörperte Version von Gleichheit zeigt. Im Gegenzug setzt uns das der Möglichkeit aus, alleingelassen und zerstört zu werden, verweist aber zugleich auch auf die ethischen Pflichten, die diesen Konsequenzen entgegenwirken.

Wie würde eine solche Rahmensetzung unser Denken verändern? Die meisten Formen der Gewalt sind der Ungleichheit verpflichtet, ganz gleich, ob das offen thematisiert wird oder nicht. Und der Rahmen für die Entscheidung für oder gegen Gewalt in einer gegebenen Situation setzt eine Reihe von Vorentscheidungen über jene voraus, gegen die Gewalt gebraucht oder nicht gebraucht werden soll. So ist es beispielsweise unmöglich, einem Gewaltverbot zu folgen, wenn man gar nicht angeben oder wissen kann, welches Lebewesen es ist, das nicht getötet werden darf. Wird die betreffende Person, Gruppe oder Bevölkerung nicht bereits als lebend und lebendig gesehen, wie ist dann das Tötungsverbot zu verstehen? Sinnvollerweise können nur diejenigen, die als lebendig gelten, effektiv in einem Verbot von Gewalt benannt und geschützt werden. Aber hier ist noch etwas anderes von Bedeutung. Wenn das Tötungsverbot auf der Annahme ruht, dass alle Leben als solche, in ihrem Status als Lebewesen Wert besitzen, gilt das Verbot universell nur, wenn sich dieser Wert auch gleichermaßen auf alle lebendigen Wesen bezieht. Das heißt, wir dürfen hier nicht nur an Personen, sondern müssen auch an Tiere denken, und nicht nur an Lebewesen, sondern auch an Lebensprozesse, an die Systeme und Formen des Lebens.

Und ein dritter Punkt: Ein Leben muss betrauerbar sein, das heißt, sein Verlust muss *als Verlust* benennbar sein, damit Verbote von Gewalt und Vernichtung dieses Leben einschließen und in den Kreis derer aufnehmen können, die vor Gewalt zu schützen sind. Sind manche Leben mehr betrauerbar als andere, kann die Gleichheitsbedingung nicht erfüllt werden. Daraus folgt dann, dass ein Tötungsverbot zum Beispiel nur für betrauerbares Leben gilt, nicht aber für diejenigen, die als unbetrauerbar (als schon verloren und damit als nie im vollen Wortsinn lebendig) gelten. Man muss sich also um die Ungleichverteilung der Betrauerbarkeit kümmern, wenn eine Ethik der Gewaltlosigkeit auf dem gleichen Wert jedes Lebens beruhen soll. Diese Ungleichverteilung der Betrauerbarkeit könnte ein Rahmen sein, der uns verstehen hilft, weshalb Menschen und andere Geschöpfe in einer Struktur der Ungleichheit – tatsächlich einer Struktur der gewaltsamen Verleugnung – so unterschiedliche Positionen einnehmen. Mit der Behauptung, Gleichheit gelte formal für alle Menschen, umgeht man die fundamentale Frage, wie der Mensch hervorgebracht wird oder vielmehr, wer als anerkennbarer und werthafter Mensch hervorgebracht wird und wer nicht. Damit Gleichheit als Begriff sinnvoll sein kann, muss er auf diese formale Weise alle Menschen einbeziehen, aber selbst dann treffen wir noch eine Vorentscheidung darüber, wer in die Kategorie »Mensch« gehört, wer ihr teilweise zugehört und wer ihr gar nicht zugehört, wer im vollen Sinn lebendig und wer zum Teil tot ist, wer im Verlustfall betrauert wird und wer nicht, weil er praktisch sozial tot ist. Aus diesem Grund können wir unsere Analyse nicht auf den Menschen gründen und auch nicht auf den Naturzustand. »Mensch« ist ein historisch variabler Begriff, der differenziell im Kontext ungleich verteilter sozialer und politischer Macht artikuliert wird; das Feld des Menschlichen ist durch grundlegende Ausschlüsse konstituiert und wird heimgesucht von denen, die in dieser Gleichung nicht zählen. Ich frage mich also, wie sich die Ungleichverteilung der Betrauerbarkeit auf unser bewusstes Nachdenken über Gewalt und Gewaltlosigkeit auswirkt. Man möchte vielleicht davon ausgehen, dass sich Überlegungen zur Betrauerbarkeit nur auf die Gestorbenen beziehen; aber ich gehe davon aus, dass Betrauerbarkeit schon im Leben greift und dass sie ein Charakteristikum lebendiger Wesen ist, mit dem ihr Wert in einem ausdifferenzierten Wertesystem gekennzeichnet wird, und zwar mit direkten Folgen für die Frage, ob diese Wesen in gerechter Weise gleich behandelt werden oder nicht. Betrauerbar sein heißt angesprochen sein auf eine Weise, die mich wissen lässt, dass mein Leben zählt, dass sein Verlust nicht bedeutungslos ist, dass mein Körper als einer behandelt wird, der zu leben und zu gedeihen imstande sein sollte und dessen Prekarität so gering wie nur möglich sein sollte, wofür auch förderliche Bedingungen gegeben sein sollten. Die Voraussetzung gleicher Betrauerbarkeit wäre nicht bloß eine Überzeugung oder eine Haltung, mit der uns ein anderer Mensch bejaht, sondern ein Grundsatz, nach dem die soziale Organisation von Gesundheitsversorgung, Nahrungsverteilung, Wohnung, Arbeit, Liebesleben und bürgerlichem Leben geregelt wird.

Ich gehe davon aus, dass sämtliche Interdependenzbeziehungen mit Gewalt einhergehen können und dass Konzeptionen sozialer Bindungen auf der Basis der Interdependenz mit Ambivalenzen rechnen müssen, und damit erkenne ich auch an, dass Konflikte potenziell immer möglich und nie ein für alle Mal zu überwinden sind. Mir geht es weniger um die Feststellung, dass der Konflikt ein Wesensmerkmal des sogenannten »sozialen Bandes« ist (als gäbe es davon nur ein einziges). Mir kommt es vielmehr auf die Feststellung an, dass wir in der Betrachtung spezifischer sozialer Beziehungen die Frage nach der Ambivalenz in diesen Beziehungen stellen können und sollten, insbesondere, wo sie Abhängigkeiten oder Interdependenzen beinhalten. Wir mögen aus allen möglichen sonstigen Gründen über soziale Beziehungen nachdenken; soweit sie aber durch Interdependenz gekennzeichnet sind, eröffnet sich meines Erachtens die Frage nach *Ambivalenz* und *Verleugnung* nicht nur als Züge einer autonomen psychischen Realität, sondern als *psychische Merkmale sozialer Beziehungen*, die Folgen für das Verständnis des Gewaltproblems in einem relationalen Rahmen haben und dieses Zusammentreffen damit zu einer psychosozialen Gegebenheit machen.[16] Das heißt natürlich nicht, über Gewaltlosigkeit einzig auf diese Weise nachzudenken, und das muss nicht einmal die beste Weise sein. Es gibt Unterschiede etwa zwischen physischer, rechtlicher und institutioneller Gewalt, die beachtet werden müssen. Meiner Ansicht nach können wir hier aber Einsichten in die Art und Weise gewinnen, wie demografische Annahmen in unsere Erörterungen der Gewalt hineinspielen, insbesondere da, wo diese Annahmen die Form phantasmatischer Operationen annehmen, die unser bewusstes Nachdenken

16 Vgl. Stephen Frosh (Hg.), *Psychosocial Imaginaries*, London 2015.

über gerechtfertigte und ungerechtfertigte Gewalt sowohl motivieren wie verzerren.[17]

Ich wollte zeigen, wie Gleichheit, nun eingeschlossen die Gleichheit der Betrauerbarkeit, mit Interdependenz und mit der Frage zusammenhängt, weshalb und wie Gewaltlosigkeit auf militante Weise umzusetzen ist. Ein *egalitäres Herangehen an den Wert des Lebens* ist unter anderem deshalb wichtig, weil es von den Idealen radikaler Demokratie ausgeht und zugleich ethische Überlegungen zur Frage eröffnet, wie Gewaltlosigkeit am besten zu praktizieren ist. Das institutionelle Leben der Gewalt lässt sich nicht durch Verbote überwinden, sondern nur durch ein gegen-institutionelles Ethos und eine gegen-institutionelle Praxis.[18]

Interdependenz wirft immer die Frage der Destruktivität auf, die potenziell zu jeder lebendigen Beziehung

17 Ich folge im ganzen Buch Kleins Unterscheidung zwischen Phantasievorstellung [fantasy] als bewusster Vorstellung analog zum Wunsch oder Tagtraum, und Phantasie [phantasy] als unbewusster Aktivität mittels Projektion und Introjektion, die auch die Grenzen verwischt zwischen von innen kommenden Affekten und der Objektwelt. Ich folge Klein zwar nicht strikt, gehe aber beispielsweise durchaus davon aus, dass etwa »rassischen« Phantasmen, so bewusst sie auch sein mögen, unbewusste Affektumwandlungen zugrunde liegen, die die Grenze verwischen zwischen dem, was zu einem selbst und dem, was zum anderen gehört. Ich akzeptiere zwar keine scharfe Trennung zwischen bewusstem und unbewusstem geistigem Leben, bin allerdings der Auffassung, dass soziale Formen der Macht wie der Rassismus Subjekte unbewusst formen und tief in ihnen tödliche Denkmuster verankern können. Siehe dazu auch S. 49 f. dieses Buches.

18 Vgl. Marc Crépon, *Le consentement meurtrier*, Paris 2012; Adriana Cavarero und Angelo Scola, *Thou Shalt Not Kill: A Political and Theological Dialogue*, New York 2015.

gehört. Und doch bildet die gesellschaftliche Organisation von Gewalt und Vernachlässigung in der Praxis staatlicher und biopolitischer Macht den heutigen Horizont, in dem wir über die Praxis der Gewaltlosigkeit nachzudenken haben. Noch einmal: Beschränkt sich diese Praxis auf die individuelle Lebensführung oder Entscheidungsfindung, verlieren wir die Interdependenz aus den Augen, in der erst der relationale Charakter der Gleichheit und die Möglichkeit der Zerstörung zum Ausdruck kommen, die konstitutiv für soziale Beziehungen sind.

Damit komme ich zum letzten Punkt. Der ethische Standpunkt der Gewaltlosigkeit muss mit einer Verpflichtung auf radikale Gleichheit verknüpft werden. Genauer erfordert die Praxis der Gewaltlosigkeit Opposition gegen biopolitische Formen des Rassismus und der Kriegslogik, die regelmäßig unterscheiden zwischen schutzwürdigem und nicht schutzwürdigem Leben, also Bevölkerungsgruppen, die Kollateralschäden ausgesetzt werden können oder die als Hindernis für politische oder militärische Ziele betrachtet werden. Darüber hinaus müssen wir bedenken, in welcher Weise eine stillschweigende Kriegslogik in das biopolitische Bevölkerungsmanagement hineinwirkt: Wenn die Flüchtlinge kommen, werden sie uns zerstören oder sie zerstören die Kultur oder Europa oder Großbritannien. Mit dieser Überzeugung werden dann gewaltsame Übergriffe – oder der langsamere Tod-im-Leben in Internierungslagern – gegen eine Bevölkerungsgruppe gerechtfertigt, die phantasmatisch selbst als Ausgangspunkt der Zerstörung vorgestellt wird. Nach dieser Kriegslogik ist alles eine Frage der Wahl zwischen dem Leben der Flüchtlinge und dem Leben derer, die das Recht in Anspruch nehmen, gegen die Flüchtlinge verteidigt zu werden. In diesen Fällen autorisiert eine rassistische und paranoide Version von Selbstverteidigung die Zerstörung einer anderen Bevölkerungsgruppe.

Im Resultat kann die ethische und politische Praxis der Gewaltlosigkeit weder ausschließlich auf die dyadische Begegnung noch auf die Stütze eines Verbots bauen; sie erfordert politische Opposition gegen die biopolitischen Formen von Rassismus und Kriegslogik, die von phantasmagorischen Verkehrungen ausgehen, mit denen der verpflichtende und interdependente Charakter der sozialen Bindung verschleiert wird. Sie erfordert auch eine Erklärung dafür, warum und unter welchen Bedingungen sich die Rahmensetzungen für das Verständnis von Gewalt und Gewaltlosigkeit oder Gewalt und Selbstverteidigung umzukehren scheinen und Konfusion in der Frage erzeugen, wie diese Rahmensetzungen am besten dingfest zu machen sind. Warum wird eine Petition für den Frieden als Akt der »Gewalt« bezeichnet? Warum wird eine menschliche Barrikade gegen einen Polizeieinsatz als »gewaltsame« Aggression bezeichnet? Unter welchen Bedingungen und nach welchen Rahmensetzungen erfolgt die Verkehrung von Gewalt und Gewaltlosigkeit? Gewaltlosigkeit lässt sich nicht praktizieren, ohne zuvor Gewalt und Gewaltlosigkeit zu interpretieren, ganz besonders in einer Welt, in der Gewalt zunehmend im Namen der Sicherheit, nationalistisch und neofaschistisch gerechtfertigt wird. Der Staat monopolisiert Gewalt, indem er seine Kritiker »gewalttätig«

nennt. Wir kennen das von Max Weber, von Antonio Gramsci und von Benjamin.[19] Wir sollten also vorsichtig sein, wo immer Gewalt als notwendig ausgegeben wird, um Gewalt in Schach zu halten, und wo das Recht – einschließlich Polizei und Gefängnisse – als letzte Schiedsinstanz gepriesen wird. Sich gegen Gewalt wenden heißt begreifen, dass Gewalt nicht immer die Form des Schlags annimmt. Ihre institutionellen Formen zwingen uns zu der Frage: Wessen Leben erscheint als Leben und wessen Verlust gälte als Verlust? Welche Rolle spielt dieses demografische Imaginäre in Ethik, Strategie und Politik? Wenn wir uns in einem Horizont bewegen, in dem sich Gewalt nicht identifizieren lässt, wo Leben aus dem Reich der Lebenden schon verschwindet, bevor es getötet wird, können wir auch nicht so denken, einsehen oder handeln, dass wir das Politische in das Ethische hineinnehmen, also so, dass wir zugleich den Anspruch relationaler Verpflichtungen auf globaler Ebene verstehen. In einem bestimmten Sinn müssen wir den Horizont dieses de-

19 Vgl. Webers Definition des Staates als »menschliche Gemeinschaft, welche innerhalb eines Gebietes [...] das *Monopol legitimer physischer Gewaltsamkeit* für sich (mit Erfolg) beansprucht«. Max Weber, *Politik als Beruf*, Stuttgart 1992, S. 10. Für eine weitergehende Analyse von Gewalt und Zwang wäre Gramsci heranzuziehen, nach dem die Klassenhegemonie durch einen Zwang aufrechterhalten wird, der die Form von Zustimmung ohne manifeste Androhung physischer Gewalt annimmt. In seinen *Gefängnisheften* spricht er von einer neuen Anpassung an neue Formen der Arbeit, es werde »Druck auf das gesamte soziale Feld ausgeübt, es wird eine *puritanische* Ideologie entwickelt, welche dem innewohnenden brutalen Zwang die äußere Form der Überredung und des Konsens verleiht«. Antonio Gramsci, *Gefängnishefte*, Bd. 1, Hamburg 1991, § 158, S. 193.

struktiven Imaginären aufbrechen, in dem sich heute so viel Ungleichheit und so viel Auslöschung abspielt. Wir müssen diejenigen bekämpfen, die sich der Zerstörung verpflichten, ohne ihr Zerstörungswerk zu wiederholen. Es geht darum zu verstehen, wie auf diese Weise zu kämpfen ist, und hier liegt auch die bindende Aufgabe einer gewaltlosen Ethik und Politik.

Anders gesagt brauchen wir wirklich keine neue Theorie des Naturzustands; was wir brauchen, ist eine veränderte Wahrnehmung, ein anderes Imaginäres, das uns aus den Gegebenheiten der politischen Gegenwart löst. Ein solches Imaginäres würde uns helfen, den Weg in ein ethisches und politisches Leben zu finden, in dem Aggression und Trauer nicht sofort in Gewalt umschlagen und in dem wir vielleicht in der Lage wären, die Schwierigkeiten und die Feindschaft der sozialen Bindungen zu ertragen, die wir uns nicht ausgesucht haben. Wir müssen einander nicht lieben, um zur Schaffung einer Welt verpflichtet zu sein, in der jedes Leben sich selbst erhalten kann. Das Recht, am Leben zu bleiben, lässt sich nur als soziales Recht verstehen, als subjektive Form einer gesellschaftlichen und globalen Pflicht, die wir gegeneinander haben. Als interdependenter ist unser Fortbestand relational, fragil, zuzeiten konfliktträchtig und unerträglich, manchmal ekstatisch und voller Freude. Viele halten das Eintreten für Gewaltlosigkeit für unrealistisch, aber vielleicht sind sie zu gebannt von der Realität. Wenn ich sie frage, ob sie in einer Welt leben wollten, in der keiner für Gewaltlosigkeit eintritt, wo niemand an dieses Unmögliche glaubt, sagen sie ausnahmslos nein. Die unmögliche Welt ist die Welt jenseits des Horizonts unseres gegenwärtigen Denkens, und dieser Horizont ist weder der eines schrecklichen Krieges noch der des vollkommenen Friedens. Es ist der Kampf mit offenem Ausgang, der für die Verteidigung unserer Bindungen gegen all das in der Welt geführt werden muss, was sie potenziell zerreißen kann. Die Einhegung der Destruktion ist eine der wichtigsten Zielsetzungen, derer wir in dieser Welt fähig sind. Es ist dies die Bejahung dieses Lebens, das immer mit dem deinen und mit dem Reich der Lebenden verbunden ist, eine Bejahung, die das Potenzial zur Destruktion ebenso beinhaltet wie das ihrer Gegenkraft.

2. Das Leben der anderen bewahren

Ich möchte eine relativ einfache Frage stellen, die wir wohl ohne Weiteres der Moralpsychologie oder vielleicht der Moralphilosophie zuordnen würden: Was bringt uns dazu, das Leben anderer bewahren zu wollen? Debatten zur Bewahrung des Lebens prägen natürlich heute die Medizinethik einschließlich Fragen der Reproduktionsfreiheit und -technologie, aber auch zu den Bereichen Gesundheitswesen, Strafverfolgung und Gefängnisse. Ich werde auf diese Debatten hier nicht im Detail eingehen, hoffe aber, dass einige meiner Argumente hier durchaus relevant sind. Ich möchte eher auf einen bestimmten Zug der Debatten zur Frage der Lebensbewahrung eingehen, nämlich darauf, dass wir immer schon von bestimmten Annahmen darüber ausgehen, was eigentlich als Leben zählt. Diese Vorannahmen betreffen nicht nur das Wo und Wann des Lebensbeginns und die Art des Lebensendes, sondern, vielleicht auf einer anderen Ebene, auch die Frage, *wessen Leben* als Leben zählt.

Wenn wir also fragen: »Weshalb suchen wir das Leben des anderen zu bewahren?«, fragen wir möglicherweise nach unseren Motiven oder nach der Rechtfertigung entsprechender Handlungen, oder aber danach, warum die Verweigerung oder Unterlassung entsprechenden Handelns zur Bewahrung eines Lebens moralisch ungerechtfertigt ist. Die erste Frage ist psychologischer, obzwar eindeutig moralpsychologischer Art, die zweite gehört zur Moralphilosophie oder Ethik – Gebiete, die hier und da auf die Moralpsychologie zurückgreifen. Überschneiden sich diese Fragen aber auch mit der Gesellschaftstheorie und der politischen Philosophie?

Viel hängt davon ab, wie wir die Frage stellen und von welchen Annahmen wir dabei ausgehen. So macht es beispielweise einen Unterschied, ob die Frage eine bestimmte andere Person betrifft: Was bringt uns dazu, das Leben dieser anderen Person bewahren zu wollen? Das ist eine andere Frage als die nach der Bewahrung des Lebens von Menschen einer bestimmten Gruppe, mit der wir uns identifizieren, nach der Bewahrung des Lebens von Menschen einer Gruppe, denen Gefahr oder Vernichtung droht, oder nach der Bewahrung des Lebens aller Lebenden. Die Frage, was uns zum Schutz des Lebens einer bestimmten anderen Person bewegt, setzt eine dyadische Beziehung voraus: Ich kenne dich vielleicht, vielleicht auch nicht; in jedem Fall bin ich unter bestimmten Umständen möglicherweise in der Lage, Gefahr von dir abzuwenden oder einer zerstörerischen Kraft Einhalt zu gebieten, die dein Leben bedroht. Was tue ich und warum? Und was rechtfertigt die Schritte, die ich schließlich unternehme? Diese Fragen scheinen ins Gebiet der Moralphilosophie und der Moralpsychologie zu gehören, ohne deren Fragehorizonte zu erschöpfen. Die Frage, ob wir das Leben einer bestimmten Gruppe bewahren wollen und was unser diesbezügliches Tun rechtfertigt, setzt Überlegungen voraus, die wir durchaus »biopolitisch« nennen können. Impliziert ist hier nicht nur die

Frage, was als Leben zählt, sondern auch die, wessen Leben als der Bewahrung wert gilt. Unter bestimmten Bedingungen ist die Frage sinnvoll, wessen Leben *als Leben zählt*, auch wenn hier eine Tautologie zu drohen scheint: Wenn das ein Leben ist, das nicht zählt, ist es denn nicht trotzdem ein Leben?

Ich werde im nächsten Kapitel auf die Frage der Biopolitik zurückkommen. Kehren wir zunächst zur ersten Frage zurück: Was bringt uns dazu, das Leben des anderen bewahren zu wollen? Diese Frage muss in dieser oder jener Form nicht nur für Individuen gestellt werden, sondern auch in Bezug auf institutionelle Regelungen, Wirtschaftssysteme und Regierungsformen: Welche Strukturen und Institutionen gibt es, die das Leben einer Bevölkerungsgruppe, ja jeder Bevölkerungsgruppe schützen? Wir wenden uns an die Psychoanalyse, um nach den hier angeführten Gründen dafür zu fragen, ein Leben *nicht* zu beenden und ein Leben schützen zu wollen. Dabei geht es nicht um die Beziehung von Individual- und Gruppenpsychologie, denn beide überschneiden sich immer, und noch unsere singulären und subjektiven Dilemmas verweisen uns auf eine weiter gefasste politische Welt. Das »ich« und das »du«, das »sie« und das »wir« – alle implizieren einander, und das nicht nur logisch, sondern gelebt als ambivalente soziale Bindung, die ständig die ethische Frage des Umgangs mit Aggression aufwirft. Beginnen wir die moralische Untersuchung also mit der unkritischen Verwendung von »ich« oder auch »wir«, haben wir schon eine vorgängige und relevante Fragestellung umgangen, in der es um die Formierung und Herausforderung des singulären und pluralen Subjekts durch die Bezüge geht, die sie durch moralische Überlegungen auszuhandeln suchen.

Die Art dieser Frage wirft eine andere auf, nämlich die nach dem Paternalismus. Wer gehört zur »schützenden« Gruppe und wer gilt als »schutzbedürftig«? Bedürfen nicht auch »wir« der Bewahrung unseres Lebens? Ist das Leben der Fragenden hier das gleiche wie das der anderen? Betrachten wir, die wir die Frage stellen, auch unser eigenes Leben als der Bewahrung wert, und wenn ja, wer soll es bewahren? Oder gehen wir vielmehr vom Wert unseres eigenen Lebens und davon aus, dass alles zu seinem Schutz getan werden wird, sodass »wir« diese Frage für »andere« stellen, für die diese Voraussetzung nicht gilt? Ist dieses »wir« wirklich von jenen »anderen« Leben zu trennen, die wir vielleicht bewahren wollen? Wenn es ein »wir« gibt, das dieses Problem lösen will, und »andere«, mit denen sich unsere Überlegungen beschäftigen, gehen wir dann – mutmaßlich paternalistisch – von einer gewissen Trennung aus zwischen denen mit der faktischen oder zugesprochenen Macht zur Bewahrung von Leben (oder denjenigen von uns, für die eine Macht existiert, die schon unser Leben zu bewahren sucht) und denen, deren Leben in Gefahr schwebt, nicht bewahrt zu werden, das heißt denjenigen, deren Leben durch vorsätzliche Gewalt oder durch die Gewalt der Vernachlässigung bedroht ist und deren Überleben sich einer gegenläufigen Form von Macht gegenüber sieht?

Das ist zum Beispiel der Fall, wo »gefährdete Gruppen« identifiziert werden. Einerseits war der Diskurs über »gefährdete Gruppen« oder »gefährdete Bevölkerungsgruppen« sowohl für die feministische Menschenrechtsarbeit wie für die Ethik der Fürsorge wichtig.[1] Denn wird eine Gruppe als »gefährdet« eingestuft, kann sie dank dieses Status Schutz verlangen. Dann stellt sich die Frage: An wen richtet sich diese Forderung und welche Gruppe hat für den Schutz der Gefährdeten zu sorgen? Auf der anderen Seite: Werden diejenigen, die für den Schutz gefährdeter Gruppen Verantwortung übernehmen, ihrerseits durch diese Benennungspraxis zu nicht Gefährdeten? Es geht hier natürlich darum, auf die ungleiche Verteilung der Gefährdung hinzuweisen, aber wenn eine solche Benennungspraxis implizit bereits zwischen gefährdeten und nicht gefährdeten Gruppen unterscheidet und den nicht Gefährdeten die Pflicht zum Schutz der Gefährdeten zuschreibt, liegen darin zwei problematische Annahmen. Erstens werden Gruppen so behandelt, als seien sie bereits als gefährdete oder nicht gefährdete konstituiert; zweitens wird damit einer paternalistischen Machtform in eben dem Moment der Rücken

1 Vgl. Martha Fineman, »The Vulnerable Subject: Anchoring Equality in the Human Condition«, in: *Yale Journal of Law and Feminism* 20:1 (2008); und Lourdes Peroni und Alexandra Timmer, »Vulnerable Groups: The Promise of an Emerging Concept in European Human Rights Convention Law«, in: *International Journal of Constitutional Law* 11:4 (2013), 1056-1085. Vgl. auch Joan C. Tronto, *Moral Boundaries: A Political Argument for an Ethic of Care*, New York 1994; dies., *Caring Democracy: Markets, Equality, Justice*, New York 2013; Daniel Engster, »Care Ethics, Dependency, and Vulnerability«, in: *Ethics and Social Welfare* 13:2 (2019); und Fabienne Brugère, *Care Ethics: The Introduction of Care as Political Category*, Leuven 2019.

gestärkt, in dem wechselseitige soziale Verpflichtungen am dringendsten benötigt werden.

Diejenigen von uns, die sich einer ethischen Forderung der Lebensabsicherung, ja der Lebensbewahrung verpflichtet sehen, stärken vielleicht unter der Hand eine soziale Hierarchie, die aus augenscheinlich moralischen Gründen die Gefährdeten von den paternalistisch Macht Besitzenden unterscheidet. Natürlich kann man behaupten, dass diese Unterscheidung deskriptiv richtig ist; wird sie aber zur Basis moralischer Reflexion, wird damit eine soziale Hierarchie moralisch rationalisiert und moralische Überlegungen geraten in Gegensatz zur Zielnorm geteilter oder wechselseitiger Gleichheit. Es wäre heikel, wenn nicht offen paradox, würde eine Politik auf der Basis von Gefährdung in die Stärkung von Hierarchien münden, die doch so dringend abgebaut werden müssen.

Ich habe mit einer Frage zur psychologischen Motivation zur Bewahrung des Lebens eines anderen oder anderer begonnen und zeigen wollen, dass eine solche Frage, vielleicht entgegen der Intention, auf ein politisches Problem des Umgangs mit demografischen Unterschieden und auf ethische Fallstricke paternalistischer Machtformen verweist. Noch nicht weiter analysiert wurden bislang entscheidende Begriffe wie »Leben« und »Lebende« und Fragen wie die danach, was es bedeutet, »zu bewahren und zu schützen«. Sind diese Handlungen als reziproke Akte zu verstehen, sodass diejenigen, die potenziell das Leben anderer bewahren, selbst potenziell der Bewahrung bedürfen? Und was impliziert das in Bezug auf potenziell geteilte Bedingungen der Gefährdung und des Ausgesetztseins, welche Pflichten kommen hier ins Spiel und welche soziale und politische Organisation ist hier erforderlich?

Meine Untersuchung gilt der Frage nach der Möglichkeit der Sicherung von Leben gegen verschiedene Modi der Zerstörung, einschließlich derjenigen Zerstörungen, die von uns selbst ausgehen. Ich vermute, dass wir hierbei nicht nur auf Wege zur Bewahrung des Lebens stoßen, dessen Zerstörung in unserer eigenen Macht liegt, sondern dass diese Bewahrung auch Infrastrukturen voraussetzt, die ebendiesem Zweck dienen sollen. (Natürlich gelten bestimmte Infrastrukturen gerade nicht der Bewahrung von Leben, sodass Infrastruktur allein keine zureichende Bedingung für die Bewahrung von Leben ist.) Meine Frage richtet sich nicht nur darauf, *was* wir als moralisch zurechnungsfähige Subjekte tun oder verweigern, um Leben zu bewahren, sondern auch darauf, *wie* die Welt verfasst sein muss, damit die infrastrukturellen Bedingungen für die Bewahrung von Leben reproduziert und gestärkt werden können. Natürlich gestalten wir diese Welt in gewissem Sinn selbst, in einem anderen Sinn aber finden wir uns in einer Biosphäre, eingeschlossen eine gestaltete Welt, die wir nicht selbst gemacht haben. Darüber hinaus verändert sich, wie wir aufgrund des immer dringender werdenden Problems des Klimawandels wissen, die Umwelt wegen menschlicher Eingriffe und hat die Folgen unserer eigenen Macht zur Zerstörung der für die menschlichen und die nichtmenschlichen Lebensformen zuträglichen Lebensbedingungen zu tragen. Auch aus diesem Grund wird sich die Kritik des anthropozentrischen Individualismus als wichtig für die Entwicklung eines Ethos der

Gewaltlosigkeit im Kontext eines egalitären Imaginären erweisen.

Ein Ethos der Gewaltlosigkeit, wie auch immer es aussieht, wird sich sowohl von der Moralphilosophie als auch von der Moralpsychologie unterscheiden, wenn uns auch die moralische Untersuchung an einen Punkt führen wird, an dem sich sowohl psychoanalytische wie politische Fragestellungen eröffnen. Wenn wir von der Moralpsychologie ausgehen, wie Freud das in seinen Überlegungen zum Ursprung von Destruktivität und Aggression zweifellos tat, hat unsere Argumentation nur Sinn vor dem Hintergrund grundlegender politischer Strukturen, einschließlich unserer Annahmen darüber, in welcher Weise jeder sozialen Bindung destruktive Potenziale innewohnen. Leben kann natürlich immer nur aus spezifischen historischen Perspektiven in diesem oder jenem Licht erscheinen; Leben gewinnt oder verliert seinen Wert je nach dem Rahmen, in dem es betrachtet wird, was aber nicht heißt, dass irgendein gegebener Rahmen vollständig über den Wert eines Lebens entscheiden kann. Den unterschiedlichen Gewichtungen des Lebens liegen stillschweigende Bewertungsschemata zugrunde, nach denen verschiedene Leben als mehr oder weniger betrauerbar gelten. Manche Leben erlangen ikonische Dimensionen – das absolut und eindeutig betrauerbare Leben –, während andere kaum eine Spur hinterlassen – das absolut unbetrauerbare Leben, dessen Verlust kein Verlust ist. Und dann gibt es noch die unabsehbare Sphäre der anderen Leben, deren Wert in der einen Rahmensetzung hervorgehoben und in der anderen unerheblich ist, das heißt der Leben, deren Wert bestenfalls schwankt. Man könnte von einem Kontinuum der Betrauerbarkeit ausgehen, aber in diesem Rahmen bleibt unverständlich, wie etwa ein Leben zur selben Zeit in einer Gemeinschaft aktiv betrauert wird und doch im dominanten nationalen oder internationalen Rahmen keinerlei Spur hinterlässt und hinterlassen kann. Dennoch geschieht das die ganze Zeit. Daher protestiert die trauernde Gemeinschaft zugleich auch gegen die Tatsache, dass dieses Leben als unbetrauerbar gilt, und zwar nicht nur denen, die für seine Zerstörung verantwortlich sind, sondern auch denjenigen, die eine Welt mit der zugrunde liegenden Annahme bewohnen, dass solche Leben immer wieder verschwinden und dies eben der Lauf der Welt ist. Das ist einer der Gründe, weshalb Trauer Protest sein kann, und beide müssen zusammengehen, wo Verluste von Leben noch nicht öffentlich anerkannt und betrauert werden. Der trauernde Protest – denken wir an die Women in Black oder an die Abuelas der Plaza de Mayo in Argentinien oder an die Familien und Freunde der Ayotzinapa Dreiundvierzig[2] – macht geltend, dass dieses verlorene Leben nicht hätte verlorengehen dürfen, dass es betrauerbar ist und als solches lange vor jeder Verletzung hätte anerkannt werden müssen. Und er verlangt, dass die forensischen Beweise vorgelegt werden, die die Geschichte dieser Todesfälle aufklären und die Verantwortlichen benennen. Wird ein gewaltsamer Tod nicht aufgeklärt, bleibt Trauer unmöglich. Denn der Verlust ist zwar bekannt, aber

2 Vgl. Christy Thornton, »Chasing the Murderers of Ayotzinapa's 43«, in: *NACLA* (17. September 2018), <nacla.org>.

nicht, wie der Tod eingetreten ist, und deshalb kann der Verlust auch nicht vollständig zur Kenntnis gelangen. In diesem Maße bleiben die Toten unbetrauerbar.

Eines der normativen Anliegen dieser Arbeit liegt in einem Beitrag zur Formulierung eines politischen Imaginären radikaler Gleichheit der Betrauerbarkeit. Es geht nicht nur darum, dass wir alle ein Recht darauf haben, die Toten zu betrauern, oder dass die Toten einen Anspruch auf Trauer haben; dem ist zweifellos so, aber damit ist nicht ganz erfasst, was ich hier im Blick habe. Es gibt einen Unterschied zwischen der Trauer um eine Person und dem Merkmal der Betrauerbarkeit, das diese Person als lebendiges Wesen auszeichnet. Letzteres impliziert einen Konjunktiv: Wer betrauerbar ist, *würde* betrauert werden, *wenn* sein Leben verlorenginge, während der Verlust der Unbetrauerbaren spurlos oder so gut wie spurlos bliebe. Ginge es also nur um die Forderung nach der »radikalen Gleichheit derer, die betrauerbar *sind*«, käme gar nicht in den Blick, wie diese Betrauerbarkeit unterschiedlich verteilt ist, indem manche gar nicht die Ebene der Betrauerbarkeit erreichen und nicht als solche erfassbar sind, die der Trauer wert sind. Genau wie wir über die Ungleichverteilung von Gütern oder Ressourcen sprechen, sollten wir meiner Ansicht nach auch über die radikale Ungleichverteilung von Betrauerbarkeit sprechen. Das heißt nicht, dass hier ein Machtzentrum die Verteilung berechnet, aber es könnte sehr wohl heißen, dass eine Berechnung dieser Art Machtregimen mehr oder minder stillschweigend zugrunde liegt. Es mag so aussehen, als riefe ich nach jedermanns Tränen angesichts des Todes eines anderen und als fragte ich, wie wir um die trauern können, die wir nicht einmal kennen, aber darum geht es mir gar nicht. Ich will vielmehr darauf aufmerksam machen, dass Trauer eine andere Form annimmt, sogar unpersönlich wird, wenn der Verlust uns nicht direkt betrifft, wenn es ein Verlust in der Distanz, ja ein namenloser Verlust ist. Dass ein Leben betrauerbar ist, bedeutet, dass es noch vor seinem Verlust der Trauer um seinen Verlust im Moment seines Verlustes wert ist oder sein wird, dass es Wert in Bezug auf die Sterblichkeit besitzt. Man hat ein anderes ethisches Verhältnis zu einem Menschen, wenn man einen Sinn für seine Betrauerbarkeit hat. Wenn der Verlust eines anderen als solcher wahrgenommen, gekennzeichnet und betrauert würde und wenn die Möglichkeit seines Verlustes gefürchtet wird und daher Vorkehrungen zu seinem Schutz getroffen werden, dann hängt gerade unsere Fähigkeit zur Wertschätzung und Verteidigung eines Lebens von einem fortbestehenden Sinn für dessen Betrauerbarkeit ab – von der erwarteten Zukunft eines Lebens als unbestimmtes Potenzial, das betrauert würde, wenn es nicht zur Entfaltung kommen kann oder überhaupt endet.

Im hier vorgestellten Szenario scheint das Problem der Sphäre dyadisch verfasster ethischer Beziehungen anzugehören: Ich betrachte dich als betrauerbar und wertvoll, und du betrachtest mich vielleicht ebenso. Das Problem reicht aber über die Dyade hinaus und verlangt, dass die Gesellschaftspolitik, die Institutionen und die Organisation des politischen Lebens neu durchdacht werden. Läge unseren Institutionen der Grundsatz der radikalen Gleichheit der Betrauerbarkeit zugrunde, hieße das faktisch, dass jedes Leben im Rahmen dieser Institutionen der Erhaltung wert wäre und dass sein Verlust verzeichnet und beklagt würde, und das gälte nicht nur für bestimmte Leben, sondern für jedes. Das hätte meines Erachtens Implikationen für unsere Positionen in den Bereichen Gesundheitsversorgung, Haft, Krieg, Besatzung und Staatsbürgerschaft, alles Bereiche, in denen Bevölkerungsgruppen als unterschiedlich, als mehr oder minder betrauerbar gelten.

Und noch immer steht die schwierige Frage des Lebens im Raum: Wann beginnt es und welche Art von Lebewesen habe ich im Sinn, wenn ich von den »Lebenden« spreche? Sind sie menschliche Subjekte? Gehören Embryonen zu diesen Lebenden, die dann vielleicht doch nicht ganz eine Gruppe des »sie« bilden? Und wie steht es mit Tieren, Insekten, anderen lebenden Organismen – sind nicht sie alle Formen des Lebens, die wert sind, vor der Vernichtung bewahrt zu werden? Sind das eigene Seinsformen oder reden wir hier von lebendigen Prozessen oder Beziehungen? Was ist mit Seen, Gletschern oder Bäumen? Eindeutig kann man um sie trauern, und auch sie können als materielle Realitäten den Prozess der Trauer durchlaufen.[3]

Ich möchte es noch einmal sagen: Die Ethik, um die es mir hier geht, ist mit einem spezifischen politischen Imaginären verbunden, mit einem egalitären Imaginären, das ein tastendes Vorangehen erfordert, ein Experimentieren mit dem Konditional: Nur jene Leben,

3 Vgl. Karen Barad, »Troubling Time/s and Ecologies of Nothingness: Re-turning, Re-membering, and Facing the Incalculable«, in: *New Formations* 92 (2017).

die im Verlustfall betrauert würden, sind betrauerbare Leben, und diese Leben werden aktiv und strukturell vor Gewalt und Zerstörung geschützt. Unter anderem mithilfe dieser Konditionalform lässt sich mit Potenzialen experimentieren, indem postuliert wird, was folgen würde, wenn alle Leben als betrauerbar gälten; so wird vielleicht erkennbar, wie unsere Überlegungen zu Leben, die zählen oder nicht zählen, die eher bewahrt oder eher vernachlässigt werden, einen utopischen Horizont eröffnen. Anders gesagt sollten wir unsere ethischen Reflexionen in ein egalitäres Imaginäres einbetten. Das imaginäre Leben erweist sich als wichtiger Teil dieser Reflexion, ja als Voraussetzung für die Praxis der Gewaltlosigkeit.

Angesichts moralischer Dilemmas in Bezug auf die Bedingungen, unter denen Leben bewahrt werden sollte, formulieren wir meist Hypothesen und erproben sie dann, indem wir uns verschiedene Szenarios vorstellen. Als Kantianerin würde ich vielleicht fragen: Kann ich, wenn ich in einer bestimmten Weise handle, widerspruchslos wollen, dass alle in dieser Weise oder zumindest nach derselben moralischen Vorschrift handeln? Für Kant stellt sich die Frage, ob man sich in seinem Wollen widerspricht oder aber vernünftig handelt. Er bietet eine negative und eine positive Formulierung: »Handle nur nach derjenigen Maxime, durch die du zugleich wollen kannst, dass sie ein allgemeines Gesetz werde.«[4] Und: »Handle so, als ob die Maxime

4 Immanuel Kant, *Grundlegung zur Metaphysik der Sitten*, in: ders., *Werke*, Band 6, hg. von W. Weischedel, Darmstadt 1956, S. 51 (BA 52).

deiner Handlung durch deinen Willen zum allgemeinen Naturgesetze werden sollte.«[5] Eines seiner Beispiele ist das falsche Versprechen, mit dem man sich aus einer schwierigen Lage herauswindet. Dieser Weg scheint nicht gangbar: »So werde ich bald inne, daß ich zwar die Lüge, aber ein allgemeines Gesetz zu lügen gar nicht wollen könne«, schreibt Kant.[6] Andere würden es mir mit gleicher Münze heimzahlen und die Maxime könnte nicht »mit sich selbst zusammenstimmen, sondern [müßte] sich notwendig widersprechen« und ihren eigenen Zweck unmöglich machen.[7] Ich kann nicht vernünftig wollen, dass falsche Versprechen allgemeine Praxis werden, weil mir schlicht die Aussicht nicht behagen kann, belogen zu werden. Mit ebendieser Möglichkeit muss ich aber rechnen, wenn mir die Widersprüchlichkeit einer Maxime klar wird, die das Lügen erlaubt.

Für Konsequentialisten führt natürlich der Imperativ, sich die Folgen des Lebens in einer Welt klarzumachen, in der jeder wie du selbst handeln würde, zu der Schlussfolgerung, dass bestimmte Praktiken völlig unhaltbar sind, nicht weil sie unvernünftig sind, sondern weil sie ungewollte schädliche Konsequenzen nach sich ziehen. In beiden Fällen scheint mir die potenzielle Handlung als reziprok angesetzt: Das eigene Handeln kehrt in der vorgestellten Form der Handlung des anderen wieder; der andere könnte mir gegenüber handeln wie ich ihm gegenüber, und die Folgen sind

5 Ebd.
6 Ebd., S. 30 (BA 20)
7 Ebd., S. 53 (BA 55).

unannehmbar, weil sie schädlich sind. (Für Kant betrifft der Schaden die Vernunft; das sehen aber nicht alle Moralphilosophen so, die sich dieser Hypothesenmethode bedienen.) Die grundsätzlichere Frage lautet hier: Würde man in einer Welt leben wollen, in der andere handeln, wie ich es vorschlage, wenn ich bestimmte gewaltsame Handlungen postuliere? Wieder könnten wir schließen, dass es unvernünftig ist, etwas für mich selbst zu wollen, das ich für andere nicht wollen kann. Oder wir schließen, dass die Welt selbst unbewohnbar wäre, wenn andere nach meinen eigenen Vorstellungen handeln; wir würden dann eine Schwelle festlegen, bis zu der diese Welt noch bewohnbar ist.

In beiden moralischen Experimenten stellen wir uns das eigene Handeln als das des anderen vor, als potenziell destruktiven Akt, der umgekehrt oder erwidert wird. Diese Vorstellung ist schwierig und verstörend, sie entzieht mir gleichsam mein eigenes Handeln. Der vorgestellte Akt ist nicht mehr der, den ich mir selbst zuschreibe, auch wenn er gewiss etwas von mir enthält; ich habe ihn aber einem möglichen anderen oder einer unbestimmten Zahl anderer übertragen und mich damit mehr als nur ein wenig von ihm distanziert. Kehrt diese Handlung wieder und drängt sich mir als potenzielle Handlung eines anderen auf, sollte mich das nicht wirklich überraschen, da ich mich von der Handlung, die ich erwägen will, distanziert und sie jeder und allen zugeschrieben habe. Ist die Handlung da, als Handeln von irgendjemand, ist sie also nicht meine – wem ist sie dann jedoch schlussendlich zuzurechnen? Damit beginnt die Paranoia. Ich sehe in dieser Vorstellungsweise entscheidende Überschneidungen mit der Psychoanalyse und ihren Überlegungen zu Phantasievorstellungen. Das eigene Handeln kehrt in Form des Handelns eines anderen zu einem selbst zurück. Es kann sich vervielfachen oder, wie im Fall der Aggression, als vom anderen ausgehend und gegen einen selbst gerichtet vorgestellt werden. In Verfolgungsphantasien ist die vorgestellte Wiederkehr der eigenen Aggression in Gestalt eines äußeren anderen kaum erträglich. Wenn wir fragen, was die Vorstellung des erwiderten Akts in der Moralphilosophie (wie wäre es, wenn andere handeln wie ich?) mit den Umkehrungen in der Phantasievorstellung verbindet (wessen Aggression kehrt in äußerer Gestalt zu mir zurück, meine eigene vielleicht?), verstehen wir vielleicht auch, dass die Vorstellung reziproken Handelns ganz entscheidend ist, um zu begreifen, wie die eigene Aggression sich an die eines anderen bindet. Wir haben es hier nicht einfach mit Projektionen oder mit einem kognitiven Irrtum zu tun, sondern mit dem Gedanken, dass Aggression Bestandteil jeder sozialen Bindung ist. Wenn die Handlung, die ich mir als meine vorstelle, grundsätzlich auch die sein kann, die mir widerfährt, lässt sich die Reflexion über das individuelle Verhalten nicht von der Reflexion über die das soziale Leben konstituierenden reziproken Beziehungen trennen. Dieses Postulat wird sich als wichtig für die hier entwickelte Argumentation in Bezug auf die gleiche Betrauerbarkeit von Leben erweisen.

Nach meiner Auffassung impliziert das psychoanalytische Denken auf radikale Weise die Moralphilosophie, wo es in ihm um die phantasmatische Dimension der *Substituierbarkeit* geht, nämlich um den Gedanken, dass eine Person durch eine andere ersetzt werden kann und dass eben dies im psychischen Leben recht häufig geschieht. Daher möchte ich kurz eine Version der konsequentialistischen Position mit Blick auf diese These wiederholen: Erwäge ich eine zerstörerische Handlung und stelle ich mir vor, dass andere vielleicht handeln, wie ich es plane, muss ich mich selbst vielleicht am Ende als Adressaten dieser Handlung sehen. Das kann in eine Verfolgungsphantasievorstellung münden (oder in eine nach Klein unbewusste Phantasie), die stark genug ist, um mich von der erwogenen (oder gewiss gewünschten) Handlung abzubringen. Der Gedanke, andere könnten handeln, wie ich es vorhabe, oder andere könnten mir zufügen, was ich ihnen zufügen will, erweist sich als unkontrollierbar. Komme ich zu der Überzeugung, dass ich für mein Tun verfolgt werde, ohne zu bemerken, dass die vorgestellte Handlungsweise in Teilen meine eigene vorgestellte Handlungsweise nach meinem eigenen Wunsch ist, konstruiere ich möglicherweise eine Begründung für aggressives Handeln gegen eine Aggression, die mir von außen begegnet. Mit diesem Verfolgungsphantasma kann ich dann meine eigenen Akte der Verfolgung rechtfertigen – oder es könnte mich im Idealfall von einem solchen Handeln abhalten, aber nur, wenn ich mein eigenes potenzielles Tun in dem Phantasma erkenne, das sich mir aufdrängt.

Das ist umso tragischer oder komischer, wenn mir klar wird, dass es meine eigene Aggression ist, die mir in Form der Handlung des anderen entgegenkommt und derer ich mich nun wiederum mit Aggression zu erwehren suche. Es ist mein Tun, aber ich schreibe es dem anderen zu, und so fehlgeleitet diese Substitution auch sein mag, zwingt sie mich doch zu der Überlegung, dass das, was ich unternehme, auch gegen mich unternommen werden kann. Ich sage »Überlegung«, aber es handelt sich dabei nicht immer um einen Reflexionsprozess. Wird eine Substitution erst Gegenstand einer Phantasievorstellung, ergeben sich daraus unwillkürliche Assoziationen. Das Experiment mag also zwar durchaus bewusst beginnen, jedoch verstricken mich diese Arten von Substitutionen – ich für einen anderen, ein anderer für mich – in unwillkürliche Reaktionen, die darauf hindeuten, dass der Substitutionsprozess, die psychische Empfänglichkeit für solche Substitutionen, nicht vollständig durch einen bewussten Geistesakt kontrolliert oder begrenzt werden kann.[8] In mancher Hinsicht geht die Substitution dem »Ich«, das ich bin, voraus und vollzieht sich ohne jede bewusste Überlegung.[9] Will ich also ausdrücklich andere an meine Stelle oder mich an die Stelle anderer setzen, setze ich mich vielleicht einer unbewussten Sphäre aus, die bewusste Erwägungen meines Experiments unterläuft. Inmitten meines Experiments experimentiert hier also

8 Zur primären Mimesis vgl. Mikkel Borch-Jacobsen, *The Freudian Subject*, Stanford 1992, und François Roustang, *Qu'est-ce que l'hypnose?*, Paris 1994.

9 Varianten dieser These finden sich im Werk von Sándor Ferenczi, François Roustang und Simon Critchley, für den die Beziehung zwischen Lévinas und der Psychoanalyse zentral ist. Vgl. Adrienne Harris und Lewis Aron (Hg.), *The Legacy of Sándor Ferenczi: From Ghost to Ancestor*, New York 2015, und Simon Critchley, »The Original Traumatism: Lévinas and Psychoanalysis«, in: Richard Kearney und Mark Dooley (Hg.), *Questioning Ethics*, New York 1999.

etwas mit mir; ich habe das Experiment nicht voll unter Kontrolle. Dieser Punkt wird sich als wichtig für die Frage erweisen, weshalb irgendjemand von uns das Leben des anderen bewahren sollte, denn die hier aufgeworfene Frage kehrt sich im Verlauf ihrer Entwicklung um und erweitert sich und erscheint schließlich als Schauplatz reziproken Handelns. Indem ich also sehe, wie mein Leben und das des anderen wechselseitig substituiert werden können, erscheinen sie mir als nicht mehr so eindeutig voneinander trennbar. Die Verbindungen zwischen uns überschreiten alles, was ich vielleicht bewusst gewählt habe. Möglicherweise führt uns die hypothetische Substitution meiner selbst durch einen anderen oder eines anderen für mich zu weiterreichenden Überlegungen in Bezug auf den durch Gewalt verursachten wechselseitigen Schaden, verursacht durch eine Gewalt, die den wechselseitigen sozialen Beziehungen selbst angetan wird. Und doch kann diese Fähigkeit der Substitution meiner selbst durch einen anderen oder eines anderen durch mich manchmal auch zu einer Welt mit noch mehr Gewalt führen. Warum ist das so und was spielt sich dann ab?

Ein Grund dafür, warum wir jenen, die wir tot sehen wollen, nicht das Leben nehmen können oder dürfen, liegt darin, dass wir nicht auf konsistente Weise in einer Welt leben können, in der jeder so handelt. Wenn wir diesen Maßstab an unser Handeln anlegen, müssen wir uns eine Welt vorstellen, in der wir tatsächlich so handeln würden, um auf einen Weg zu gelangen, der uns mit Gründen davon abhält. Wir müssen uns die Folgen unseres mörderischen Tuns vorstellen und dazu durch eine verstörende Phantasievorstellung gehen, die meines Erachtens aber nicht vollständig bewusst inszeniert ist. Denn die Vorstellung, der andere könnte meinetwegen sterben, verweist schon auf die Möglichkeit ihrer Umkehrung, dass nämlich ich durch die Hand des anderen sterben könnte. Dennoch kann ich meine Überzeugungen durchaus voneinander isolieren, mir mein Handeln als unilateral und unerwidert denken und die Möglichkeit ausblenden, dass der andere mich töten könnte. Wenn meine eigenen Überzeugungen auf einer solchen Verneinung oder Abspaltung ruhen, welche Folgen hat das dann für mein Selbstverständnis?

In diesem Gedankenexperiment könnte man schließen, dass andere mich zu vernichten suchen können oder sicher vernichten werden, um daraus wiederum zu schließen, dass man verrückt wäre, ihnen nicht zuvorzukommen. Hat das Gedankenexperiment erst einmal diese Möglichkeiten der Verfolgung eröffnet, lässt sich die Entscheidung zu töten mit Gründen untermauern. Woraus entspringt aber diese Wahrnehmung, dass der andere auf meinen Tod aus ist?

Freud war ganz und gar nicht überzeugt, dass die Vernunft mörderische Wünsche im Zaum halten kann; und er äußerte diese Bemerkung, als die Welt am Rand eines neuen Krieges stand. Und deutlich ist, wie ein bestimmtes zirkuläres Denken zum Instrument der Aggression werden kann, ganz gleich, ob diese Aggression gewünscht oder gefürchtet wird. Angesichts der Realität destruktiver Triebe war ethische Strenge für Freud unabdingbar. Zugleich fragte er sich, ob sie ausreicht. In *Das Unbehagen in der Kultur* bemerkt Freud zum Über-Ich mit seiner ethischen Strenge scherzhaft, dass es »sich nicht genug um die Tatsachen der seelischen Konstitution des Menschen« kümmert und vielmehr annimmt, »daß dem Ich die unumschränkte Herrschaft über sein Es zusteht«.[10] Und er fügt hinzu: »Das Gebot ›Liebe deinen Nächsten wie dich selbst‹ ist die stärkste Abwehr der menschlichen Aggression und ein ausgezeichnetes Beispiel für das unpsychologische Vorgehen des Kultur-Über-Ichs.«[11] In seinem früheren Text *Zeitgemäßes über Krieg und Tod* (1915) heißt es: »Gerade die Betonung des Gebotes: Du sollst nicht töten, macht uns sicher, daß wir von einer unendlich langen Generationsreihe von Mördern abstammen, denen die Mordlust, wie vielleicht noch uns selbst, im Blute lag.«[12] Nachdem er die Entwicklungsrichtung der Zivilisation – zugleich mit dem falschen moralischen Versprechen der weißen Herrschaft – infrage gestellt hat, statuiert er eine unbewusste Dimension des Lebens in allen Kulturen: »Wir beseitigen in unseren unbewußten Regungen täglich und stündlich alle, die uns im Wege stehen [...]. Ja, unser Unbewußtes mordet selbst für Kleinigkeiten.«[13] Wir können uns, so Freud, nur wundern, wie auch beim moralisch Erzogenen »das Böse wieder so tatkräftig zum Vorschein kommt«.[14] Etwas an den mörderischen Impulsen bleibt bis zu einem gewissen Grad unbelehrbar, ganz besonders, wo Individuen sich Gruppen anschließen.

10 Sigmund Freud, *Das Unbehagen in der Kultur*, in: ders., *Gesammelte Werke* XIV, Frankfurt/M. 1999, S. 503.
11 Ebd.
12 Sigmund Freud, *Zeitgemäßes über Krieg und Tod*, in: ders., *Gesammelte Werke* X, S. 350.
13 Ebd., S. 351.
14 Ebd., S. 331.

Wir sollten die Macht dieser »unbeherrschbaren« Dimension der psychischen Realität, die Freud schließlich mit dem Todestrieb in Verbindung bringt, nicht unterschätzen. Wir haben hier einen Blick auf den Wunsch zu töten und auf das geworfen, was uns davon abhält, aber wir sehen, dass der Todestrieb in politischen Überlegungen wirkt, die die Kosten außer Acht lassen, die sie im Endeffekt für menschliches Leben mit sich bringen. Vor allem der Begriff des »Kollateralschadens« steht wohl für diese Denkweise auf der Basis einer Verleugnung, die faktisch ein Instrument der Zerstörung ist.

Für den Widerstand gegen rechtliche und politische Formen der Reziprozität finden sich zahlreiche Belege: hartnäckige Rechtfertigungen der Kolonialherrschaft, die Bereitschaft, andere durch Krankheit oder Mangelernährung umkommen zu lassen, oder auch die Tatsache, dass man die europäischen Häfen schließt und Neuankömmlinge massenhaft ertrinken lässt, selbst wenn ihre Körper an die Strände der beliebtesten Urlaubsresorts gespült werden. Manchmal lässt sich aber auch eine ansteckende sadistische Befriedigung feststellen, wie wir sie in Polizeieinsätzen gegen schwarze Gemeinden in den Vereinigten Staaten beobachten konnten, bei denen unbewaffnete schwarze Männer, die vor der Polizei fliehen, ohne Weiteres und ohne moralische Bedenken, ja mit Befriedigung wie Jagdwild erschossen werden. Oder denken wir erneut an die sturen Argumente gegen den Klimawandel vonseiten derjenigen, denen ganz klar ist, dass sie andernfalls der weiteren Industrialisierung und der Marktwirtschaft Grenzen setzen müssten. Sie wissen um die

Zerstörung, ziehen aber das Wegsehen vor und müssen sich damit um nichts mehr scheren, solange sie zeitlebens nur selbst Profit machen. In solchen Fällen ist die Zerstörung vorprogrammiert. Auch wenn es nie ausgesprochen oder gedacht wird, steht hier die Haltung »das kümmert mich nicht« im Hintergrund, die Zerstörungen rechtfertigt und vielleicht gar zu einem gewissen Gefühl der Freiheit führt, wo Auflagen gegen Umweltverschmutzung und den uneingeschränkten Markt umgangen werden. In unserem politischen Leben beobachten wir auch gerade, wie viele Leute Donald Trump bejubeln, wo er die Abschaffung von Verboten gegen Rassismus und Gewalt fordert und, so scheint es, für die Befreiung der Massen von einem grausamen und schwächenden Über-Ich eintritt, das durch die Linke unter Einschluss ihrer feministischen, schwulen und antirassistischen Vertreter und Gewaltgegner repräsentiert wird.

Keine Position gegen Gewalt kann sich Naivität leisten. Sie muss das destruktive Potenzial ernst nehmen, das konstitutiver Bestandteil sozialer Beziehungen oder, wie manche sagen, des »sozialen Bandes« ist. Wenn wir aber den Todestrieb oder seine als Aggression und Destruktivität definierte Spätversion ernst nehmen, müssen wir uns allgemeiner dem Dilemma stellen, das moralische Gebote gegen Zerstörung für das psychische Leben bedeuten. Handelt es sich um ein moralisches Gebot, das eine konstitutive Dimension der Psyche ausschalten will? Und wenn ihm das nicht gelingt, hat es dann andere Optionen außer der Stärkung des Über-Ich mit seinen ernsten und grausamen Verzichtsforderungen? Eine freudianische

Antwort lautet, dass wir auf Besseres als den Verzicht auf derartige Impulse nicht hoffen können, auch wenn wir dafür natürlich die seelischen Kosten in Form einer Moralität tragen müssen, die sich dann grausam gegen unsere eigenen Impulse wendet. Deren Diktum würde etwa lauten: »Töte deine eigenen mörderischen Impulse.« Freud entwickelt seine Idee des Gewissens in *Das Unbehagen in der Kultur* in dieser Richtung und zeigt, wie sich Destruktivität nun gegen sich selbst richtet; da sie aber ihre eigene Destruktivität nicht vollständig ausschalten kann, kann sie ihre Wirksamkeit als Über-Ich umso stärker entfesseln. Je nachdrücklicher das Über-Ich dem mörderischen Impuls zu entsagen strebt, desto grausamer wird der psychische Mechanismus. In diesem Moment sind Aggression und Gewalt verboten, aber weder sind sie vernichtet noch ausgeschaltet, da sie weiterhin ein aktives Leben im Kampf gegen das Ego führen. Freud hat noch andere Wege für den Umgang mit Destruktivität, wie wir in Kapitel 4 sehen werden, wenn wir der Ambivalenz als Weg der ethischen Anstrengung nachgehen.

Freud wirft in gewissem Sinn eine ganz ähnliche Frage auf, wie ich sie hier stelle: Was bringt uns dazu, das Leben des anderen bewahren zu wollen? Er formuliert die Frage aber negativ: Was – wenn überhaupt etwas – im psychischen Leben hält uns von der Zufügung von Schaden ab, wenn mörderische Wünsche uns im Griff haben? Das psychoanalytische Denken kennt allerdings eine Alternative, die die Frage positiv zu formulieren erlaubt: Welche Art Motivation wird im psychischen Leben aktiviert, wenn wir uns aktiv um den Schutz des Lebens eines anderen bemühen?

Auf das Problem der Substitution zurückkommend, können wir fragen: Wie können unbewusste Formen der Substitution unsere »moralischen Gefühle« beeinflussen und beleben? Welche Bedingungen liegen der Möglichkeit zugrunde, sich selbst an die Stelle des anderen zu setzen, ohne seinen Platz einzunehmen? Und wie kann man einen anderen an die eigene Stelle setzen, ohne von ihm verschlungen zu werden? Solche Formen der Substitution verdeutlichen, wie Leben sich wechselseitig immer schon implizieren, und diese Einsicht hilft uns zu verstehen, dass es, ganz gleich für welche Ethik wir uns am Ende entscheiden, nicht genügt, zwischen dem Selbsterhalt und dem Erhalt des anderen zu unterscheiden.

Melanie Klein leistet in ihrem Essay »Liebe, Schuldgefühl und Wiedergutmachung« einen psychoanalytischen Beitrag zur Moralphilosophie, wenn sie eben in der Dynamik von Liebe und Hass den Punkt ausmacht, an dem Individual- und Sozialphilosophie zusammenkommen. Klein ist der Auffassung, dass der Wunsch, Menschen glücklich zu machen, mit »starken Gefühlen der Verantwortung und Sorge« einhergeht und dass »echte Sympathie zu anderen Menschen« auch bedeutet, dass wir uns selbst »an die Stelle anderer Menschen« setzen. »Identifikation« führt uns hier so nahe es geht an die Möglichkeit des Altruismus heran. Klein schreibt: »Wir können nur dann die eigenen Gefühle und Wünsche außer Acht lassen oder bis zu einem gewissen Grade preisgeben, das heißt den Interessen und Emotionen der anderen Person eine Zeit lang die erste Stelle einräumen, wenn wir imstande sind, uns mit der geliebten Person zu identifizieren.«

Das ist keine vollständige Selbstverneinung, denn indem wir das Glück des geliebten Menschen wollen, teilen wir auch seine Zufriedenheit. Setzen wir den anderen an die erste Stelle, »gewinnen wir auf eine Art wieder, was wir auf eine andere geopfert haben«.[15]

Hier findet sich in Kleins Text eine Fußnote, die mit der Bemerkung beginnt: »Wie ich anfangs erwähnt habe, findet in uns allen eine ständige Interaktion von Liebe und Hass statt.«[16] Überlegungen zum stellvertretenden Leben haben wohl zu dieser Bemerkung geführt, oder die abgetrennte Fußnote war vielleicht nötig, um den Diskurs über die Liebe und den über die Aggression sichtbar voneinander zu trennen. Beide Diskurse fließen aber schon wenige Absätze später doch zusammen. In der Fußnote bemerkt Klein, dass sie sich im Folgenden zwar auf die Liebe konzentrieren, aber dennoch klarstellen wolle, dass die Aggression auch hier präsent bleibt und dass sowohl Aggression wie Hass produktiv sein können. Folglich sollte es uns ihr zufolge nicht überraschen, dass auch äußerst liebesfähige Menschen durchaus jene anderen Gefühle zeigen können. Nach Klein wiederholen wir mit dem Geben und sogar mit dem Schutz anderer unsere eigene Behandlung durch unsere Eltern oder wir reinszenieren die Phantasie über die Behandlung, die wir uns gewünscht hätten. Sie hält sich diese beiden Optionen offen und schreibt: »Im Grunde genommen spielen wir, wenn wir jemandem, den wir lieben, Opfer brin-

15 Melanie Klein und Joan Rivière, »Liebe, Schuldgefühl und Wiedergutmachung«, in: *Seelische Urkonflikte*, Frankfurt/M. 1983, S. 84.

16 Ebd.

gen und uns mit ihm identifizieren, die Rolle eines guten Elternteils und verhalten uns gegenüber der geliebten Person genauso, wie sich unserer Meinung nach früher die Eltern uns gegenüber verhalten haben oder hätten verhalten sollen.«

Zwar ist also »echte Sympathie« mit anderen möglich und beinhaltet »die Fähigkeit, sie zu verstehen, wie sie sind und wie sie fühlen«, aber diese Fähigkeit verläuft über Identifikationen, die ein Rollenspiel implizieren, ja die Reinszenierung einer Rolle in einer phantasmatischen Szene, in der man Kind oder ein Elternteil ist, wie sie waren oder hätten sein sollen, wie man sie sich also »gewünscht hätte«. Klein fährt denn auch fort: »Gleichzeitig spielen wir die Rolle des guten Kindes gegenüber den Eltern – eine Rolle, die wir in der Vergangenheit gern gespielt hätten und nun in der Gegenwart nachvollziehen.«[17] Halten wir also fest, dass wir in dem Moment, den Klein als stellvertretende Identifikation betrachtet und für unverzichtbar hält, wenn wir einen anderen glücklich machen wollen, und schon, wenn wir ihm moralische Priorität einräumen, eine Rolle spielen und unbetrauerte Verluste oder unerfüllte Wünsche nachvollziehen. Klein beendet diese Ausführungen mit dem Satz: »Durch Umkehrung einer Situation also, das heißt, indem wir einer anderen Person gegenüber die Rolle eines guten Elternteils spielen, erschaffen wir uns in der Phantasie die ersehnte Liebe und Güte unserer Eltern neu und erfreuen uns an ihr.«

Unklar bleibt an dieser Stelle, ob wir in den Genuss

17 Ebd., S. 85 f.

dieser Liebe gekommen sind und sie dann mit dem Älterwerden verloren haben oder ob wir uns diese Liebe nur gewünscht hätten, ohne sie wirklich genossen zu haben (oder zumindest, ohne dass sie unsere Wünsche wirklich erfüllt hat). Wichtig scheint jetzt, ob wir in der Stellvertretung und im Geben tatsächlich betrauern, was wir einst hatten, oder uns vielmehr eine Vergangenheit wünschen, die wir nicht hatten – oder vielleicht ein wenig von beidem. An der Stelle, an der Klein ihre Erörterung der Aggression von den Fußnoten wieder zurück in den Haupttext holt, schreibt sie:

> Ein solches Verhalten kann aber auch eine Methode sein, mit den Enttäuschungen und Leiden der Vergangenheit fertigzuwerden. Der Groll auf die Eltern, entstanden aus der Enttäuschung, die sie uns bereitet haben, und die dadurch in uns ausgelösten Hass- und Rachegefühle, nicht zuletzt auch die Gefühle von Schuld und Verzweiflung, die aus Hass und Rache kommen, weil wir die geschädigten Eltern ja gleichzeitig auch geliebt haben: das alles machen wir in unserer Phantasie retrospektiv ungeschehen (wir beseitigen einige der Gründe für unseren Hass), indem wir gleichzeitig die Rolle der liebenden Eltern und die der liebenden Kinder spielen.[18]

Die Diskussion beginnt also mit der Feststellung, dass echte Sympathie durch Identifikation möglich ist und gewinnt daraus die These, dass wir – jeder von uns –, indem wir andere gut behandeln und ihr Glücklichsein anstreben, unseren Groll gegen jene reinszenieren, die uns nicht genug geliebt haben oder deren Liebe wir, ohne es verwunden zu haben, verloren haben.

18 Ebd., S. 86 f.

Zugleich sind wir nach dieser Logik imstande, nun das gute Kind zu sein, das wir nicht waren oder nicht sein konnten angesichts der Wellen von Aggression, die über alle diese frühen Versuche, gut zu sein, hinweggerollt sind. Ich bearbeite also meine Verluste und meinen Zorn, ja sühne meine Schuld, wo ich mich, wie Klein sagt, um »echte Sympathie« bemühe. Ich räume dem anderen Vorrang ein, aber bestimme selbst all die Rollen, die wir spielen können. Vielleicht ist alles ganz einfach. Ich teile die Zufriedenheit, die ich dem anderen verschaffe, weil ich ihn liebe und fühle, was er fühlt: Echte Sympathie ist möglich und Gefühle werden erwidert. Diese schlichte Formulierung wird indes zweifelhaft, wenn wir fragen, ob ich dem anderen, dem ich meine Liebe schenke, je außerhalb dieser Szenarien begegne, die ich wiederhole, außerhalb meines Strebens nach Wiederherstellung dessen, was ich verloren oder auch nie besessen habe, oder außerhalb meiner Versöhnung mit der Schuld, die ich im Streben nach der Zerstörung des anderen – auch wenn diese Zerstörung Phantasie bleibt – auf mich geladen habe und vielleicht weiter auf mich lade. Geht mein Mitgefühl auf meinen eigenen Verlust und meine eigene Schuld zurück, oder ist es vielmehr so, dass da, wo ich das Glück, um das ich mich für den anderen bemühe, teile, »ich« und »du« gar nicht so stark voneinander geschieden sind wie zunächst gedacht? Wenn beide teilen – was genau wird hier geteilt? Oder verschwinden beide Seiten zum Teil durch die Phantasie, in der sie erscheinen?

Klein kommt zu dem Schluss, dass »Wiedergutmachung« grundlegend für Liebe ist, und eröffnet damit eine andere Perspektive auf das Mitgefühl. Auch wenn ich Mitgefühl für den anderen habe, vielleicht in Bezug auf die ausgebliebene Wiedergutmachung für seine Verluste oder Entbehrungen, scheine ich doch zugleich Wiedergutmachung zu leisten für das, was ich selbst nie hatte, oder für die Zuwendung, die ich hätte erfahren sollen. Anders gesagt, bewege ich mich auf den anderen zu, heile mich damit aber selbst, und keiner dieser Schritte ist ohne den anderen möglich. Wenn Identifikation auch das Ausagieren meiner Verluste einschließt, inwieweit kann sie dann Grundlage für »echte« Sympathie sein? Haftet dem Bemühen um das Glück des anderen immer etwas »Unechtes«, etwas Selbstbezogenes an? Und bedeutet das auch, dass Identifikation mit einem anderen nie ganz erfolgreich sein kann, wenn eine ihrer Möglichkeitsbedingungen eine Phantasie der Selbstheilung ist?

Klein spricht in diesen Passagen über Groll und Schuld, aber Groll hat Sinn nur vor dem Hintergrund erlittener Entbehrungen in der Vergangenheit. Die Entbehrung kann ein Verlust sein (ich besaß diese Liebe und besitze sie jetzt nicht mehr) oder sie kann ein Vorwurf sein (ich hatte diese Liebe nie, aber sie hätte mir zugestanden). Schuld scheint hier mit Gefühlen von Hass und Aggression einherzugehen. Ob man nun buchstäblich an den Eltern gezerrt oder sie auseinandergerissen hat oder nicht – die Phantasie ist am Werk und das Kind weiß nicht immer, ob es sich um eine Phantasie oder um eine tatsächliche Zerstörung gehandelt hat. Die weitere Anwesenheit der Eltern genügt nicht als lebender Beweis dafür, dass das Kind kein Mörder ist, ebenso wenig wie ausgiebige Belege dafür, dass die betreffenden Eltern eines natürlichen

Todes gestorben sind. Für das Kind existiert diese ermordete Person, die auf mehr oder minder unerklärliche Weise fortlebt, manchmal sogar unter demselben Dach, und manchmal ist auch das Kind die ermordete Person, die unerklärlicherweise weiterlebt (Kafkas Odradek in »Die Sorge des Hausvaters«). Tatsächlich können wir die wiedergutmachende Wirkung der Identifikation nicht begreifen, wenn wir nicht zunächst verstehen, wie die mitfühlende Identifikation nach Klein aus Bemühungen entspringt, Szenen von Verlust, Entbehrung und aus unentrinnbarer Abhängigkeit entspringendem Hass nachzuspielen und umzukehren.

Klein schreibt: »Ich bin durch meine psychoanalytische Arbeit zu der Überzeugung gelangt, dass immer, wenn in der kindlichen Seele Konflikte zwischen Liebe und Hass entstehen und die Befürchtungen, das geliebte Objekt zu verlieren, aktiv werden, ein sehr wichtiger Entwicklungsschritt gemacht ist.«[19] Es geht hier darum, dass die Phantasie von der Zerstörung der Mutter zur Angst führt, eben die Person zu verlieren, von der das Kind absolut abhängig ist. Die Mutter loszuwerden würde die Bedingungen der eigenen Existenz gefährden. Beide Leben scheinen aneinander gebunden: »Es besteht im Unbewussten eine Tendenz, die Mutter aufzugeben, und gegenläufig das heftige Verlangen, sie für immer zu behalten.«[20] Das Kleinkind ist nicht berechnend. Auf einer primären Ebene wird erkannt, dass das eigene Leben an dieses andere

19 Ebd., S. 83.
20 Ebd., S. 115.

gebunden ist, und wenn sich diese Einsicht auch im Lauf der Zeit verändert, würde ich meinen, dass hier die psychoanalytische Basis für eine Theorie der sozialen Bindung liegt. Wenn wir das Leben des anderen zu bewahren suchen, dann nicht nur, weil das in unserem eigenen Interesse liegt oder weil wir uns davon mehr erhoffen, sondern vielmehr, weil uns bereits ein soziales Band miteinander verknüpft, das beider Leben vorhergeht und beider Leben erst ermöglicht. Mein Leben lässt sich nicht ganz von dem des anderen trennen, und hier unter anderem kommt die Phantasie in das soziale Leben.

Schuldgefühl hält nicht nur die eigene Destruktivität im Zaum, es ist auch als Mechanismus zu verstehen, der das Leben des anderen schützt, ein Mechanismus, der in unserer eigenen Bedürftigkeit und Abhängigkeit wurzelt und dem Gefühl entspringt, dass dieses Leben ohne das des anderen kein Leben ist. Verwandelt sich das Schuldgefühl in Schutzhandeln, sollte man es vielleicht gar nicht mehr als »Schuldgefühl« bezeichnen. Halten wir aber am Begriff der Schuld fest, könnten wir sie als eigenartig fruchtbar begreifen und Wiedergutmachung als ihre produktive Form auffassen. Aber »Bewahren« ist auch zukunftsgerichtet, eine Art vorwegnehmender Sorge oder Achten auf ein anderes Leben mit dem Wunsch, den Schaden von ihm abzuwenden, den wir selbst oder andere ihm zufügen könnten. Wiedergutmachung bezieht sich natürlich nicht nur auf vergangene Ereignisse; sie kann sich auch auf einen Schaden beziehen, den ich nur zufügen *wollte*, aber nicht zugefügt habe. Das »Bewahren« scheint aber noch eine weitere Wirkung zu haben: Es schafft die Möglichkeitsbedingungen dafür, dass ein Leben lebbar wird und vielleicht sogar gut gedeihen kann. In diesem Sinn ist das schützende Bewahren nicht bloßer Erhalt, auch wenn der Erhalt hier Voraussetzung ist. Ein Leben erhalten heißt, ein Leben zu sichern, das schon existiert; es bewahren heißt, die Bedingungen für seine Entwicklung, seinen Vollzug, seine Zukunft sicherzustellen, ohne dass der konkrete Lebensinhalt dabei vorgeschrieben oder vorhergesagt werden kann, und so, dass es potenziell selbstbestimmt sein kann.

Klein sagt bekanntlich immer wieder, dass der Säugling an der Mutterbrust ein Gefühl großer Zufriedenheit empfindet, aber auch einen großen Drang zur Destruktivität. Angesichts seiner eigenen aggressiven Wünsche befürchtet er, »gerade dasjenige Objekt zerstört zu haben, das er – wie wir wissen – am meisten liebt und benötigt und von dem er völlig abhängig ist«.[21] An anderer Stelle heißt es, dass der Säugling nicht nur Schuld am Verlust der Mutter oder des Menschen empfindet, von dem er am meisten abhängt, sondern auch eine »Bedrängnis«, die auf die Angst verweist, wie sie zum Gefühl radikaler Hilflosigkeit gehört.

»In letzter Analyse«, so Klein, »stellt sich heraus: Die Angst, dass die geliebte Person – allen voran die Mutter – an den Verletzungen, die wir ihr in unserer Phantasie zugefügt haben, sterben könnte, macht es uns unerträglich, von ihr abhängig zu sein.«[22] Diese zugemutete Abhängigkeit dauert aber an und prägt ein

21 Ebd., S. 78.
22 Ebd., S. 105 f.

soziales Band, das, so unerträglich es sein mag, erhalten werden muss: So groß ist diese Zumutung, dass sie zu mörderischer Wut führen kann, die aber, wenn ausgelebt, angesichts der wechselseitigen Abhängigkeit beide gleichermaßen zu Fall bringen würde.[23]

Von Bedeutung und vielleicht paradox ist, dass der Wunsch, dem anderen etwas zu geben, für ihn Opfer zu bringen, ebendieser Einsicht entspringt, dass seine Zerstörung auch das eigene Leben gefährden würde. Daher beginnt das Kind, den Bruch, den es sich selbst als real oder vorgestellt zuschreibt oder den es erwartet, wiedergutzumachen und so der Destruktivität entgegenzuwirken. Wenn ich am anderen Wiedergutmachung leiste, gehe ich von einem Schaden aus, den ich ihm zugefügt habe, oder ich stelle mir vielleicht vor, ihn auf psychischer Ebene ermordet zu haben. So verleugne ich meine Destruktivität nicht, wende mich aber gegen ihre schädlichen Wirkungen. Destruktivität schlägt hier nicht in Wiedergutmachung um; vielmehr leiste ich Wiedergutmachung, obwohl – oder sogar weil – ich zugleich von destruktiven Impulsen getrieben bin. Welche Opfer ich auch bringe, sie sind Teil der Wiedergutmachung, aber diese ist doch keine effektive Lösung. Die feministische Literaturtheoretikerin Jacqueline Rose bemerkt, dass »Wiedergutmachung Omnipotenzvorstellungen steigern« kann und zudem hier und da in der Theorie Kleins ein Entwicklungs-, wenn nicht ein Disziplinierungserfordernis und

23 Lauren Berlant und Lee Edelman, *Sex, or the Unbearable*, Durham, NC 2013.

einen diesbezüglichen Imperativ darstellt.[24] Wiedergutmachung kann scheitern und sollte abgegrenzt werden von Versuchen, die Vergangenheit umzuschreiben und so zu leugnen. Eine solche Form der halluzinatorischen Leugnung kann dazu dienen, sich von einem psychischen Erbe der Abhängigkeit und des Grolls zu lösen oder dieses Erbe umzukehren, indem sie einen schizoiden Zustand herbeiführt.

Freuds psychoanalytische Antwort auf die Frage der Begrenzung menschlicher Destruktivität konzentriert sich auf Gewissen und Schuldgefühl als Instrumente zur Umlenkung des Todestriebs, indem das Ich mithilfe eines Über-Ich für seine Taten verantwortlich gemacht wird, das sich mit absoluten moralischen Imperativen, grausamen Strafen und endgültigen Urteilen über sein Scheitern gegen das Ich wendet. Doch wie wir bei Freud gesehen haben, scheint diese Logik, in der die eigenen destruktiven Impulse durch Verinnerlichung in Schach gehalten werden, in einem sich selbst zerfleischenden Gewissen oder in einem negativen Narzissmus ihren Höhepunkt zu erreichen.

Bei Klein hingegen eröffnet diese Inversion oder diese negative Dialektik eine andere Möglichkeit: den Impuls zur Bewahrung des anderen Lebens. Schuldgefühl erweist sich als nicht rein selbstbezogen, sondern als Weg, einen Bezug zum anderen aufrechtzuerhalten. Anders gesagt lässt sich das Schuldgefühl nicht mehr als negativer Narzissmus verstehen, der das soziale Band

24 Jacqueline Rose, »Negativity in the Work of Melanie Klein«, in *Why War? Psychoanalysis, Politics, and the Return to Melanie Klein*, London 1993, S. 144.

durchtrennt, sondern als Gelegenheit der Artikulation ebendieses sozialen Bandes. Klein hilft uns damit zu verstehen, inwiefern Schuldgefühle den destruktiven Impuls in den Dienst der Bewahrung des anderen und meiner selbst nehmen, was schon voraussetzt, dass das eine Leben ohne das andere nicht denkbar ist. Für Klein liegt die Unfähigkeit, das eine Leben ohne das andere zu zerstören, auf der Ebene der Phantasie. Die Darstellung des Entwicklungsgangs setzt zwar schon Säugling und Mutter voraus, aber können wir nicht sagen, dass *dieses ambivalente soziale Band eine allgemeinere Form annimmt, wenn das Verbot des Mordes zu einem Organisationsprinzip des Sozialen wird*? Schließlich verliert sich diese Ausgangslage, in der das Überleben durch eine in Teilen unerträgliche Abhängigkeit gesichert wird, mit dem Älterwerden nicht einfach; sie gewinnt sogar oft an Nachdruck, wenn wir älter werden und in neue Abhängigkeitsbeziehungen eintreten, die an die ursprüngliche Abhängigkeit erinnern, etwa in Bezug auf betreutes Wohnen oder institutionelle Betreuung, soweit sie existieren.

Am konsequentialistischen Modell konnten wir sehen, wie jeder von uns zu dem Schluss kommt, dass es nicht in unserem besten Interesse ist, andere umzubringen, die wir nicht mögen und denen gegenüber wir eine emotional ambivalente Haltung einnehmen, denn dann könnten diese anderen auf denselben Gedanken kommen und uns oder anderen das Leben nehmen, da wir ja nicht imstande wären, eine allgemeine Regel für solches Verhalten zu formulieren, ohne die Rationalität selbst zu gefährden, die uns als Menschen auszeichnet und die Welt für uns erst bewohnbar macht. Diese Positionen spielen verschiedene Szenarien durch, in denen wir aufgefordert sind, unser eigenes Tun zu verdoppeln oder nachzubilden und uns andere an unserer Stelle vorzustellen oder uns in die Lage anderer zu versetzen, um dann im Licht dieses Experiments unser beabsichtigtes eigenes Tun zu bedenken und zu bewerten. Nach Klein indes befinden wir uns von Anfang an und ohne jede Überlegung in der Lage, uns selbst an die Stelle eines anderen zu setzen oder unsererseits durch einen anderen ersetzt zu sein. Und diese Situation wirkt durch das ganze Erwachsenenleben nach: Ich liebe dich, aber du bist schon ich und trägst die Last meiner beschädigten Vergangenheit, meiner Entbehrung und meiner Destruktivität. Und ich bin ohne Zweifel dasselbe für dich und trage die Last der Strafe für das, was du nie bekommen hast. Wir sind füreinander immer schon mangelhafte Substitute für unabänderliche Vergangenheiten; keiner von uns kann je wirklich das Verlangen überwinden, wiedergutzumachen, was nicht wiedergutzumachen ist. Und dennoch – hier sind wir, und hoffentlich trinken wir ein gutes Glas Wein zusammen.

»Das Leben, wie es uns auferlegt ist, ist zu schwer für uns«, sagt Freud.[25] Daraus erklärt sich der Bedarf an unterschiedlichen »Linderungsmitteln« (unter ihnen natürlich die Kunst). Mit der Last unbetrauerbarer Verluste, unerträglicher Abhängigkeit und irreparabler Entbehrungen scheinen wir in dem, was wir unsere »Beziehungen« nennen, Szenarios der Wiedergutmachung auszuspinnen und durch unterschiedliche For-

25 Freud, *Das Unbehagen in der Kultur*, S. 432.

men des Gebens Wiedergutmachung anzustreben. Das ist vielleicht eine beharrliche Dynamik, in der Polaritäten wie Geben und Nehmen oder Schutz und Wiedergutmachung nicht immer klar voneinander zu trennen sind: Der Handelnde ist nicht immer von dem zu trennen, den die Handlung trifft. Diese Art moralisch und körperlich fruchtbarer Ambiguität konstituiert uns möglicherweise in potenziell geteilter Weise.

Wenn meine Fortexistenz von einem anderen abhängt, bin ich hier, getrennt von dem, von dem ich abhänge; aber zugleich, und das ist entscheidend, bin ich auch dort; meine Stellung ist zweideutig, wo ich esse, wo ich schlafe, wo ich berührt oder im Arm gehalten werde. Mit anderen Worten ist das Getrenntsein des Säuglings auf der einen Seite Tatsache, auf der anderen aber eine Anstrengung, eine stetige Aushandlung, wo nicht sogar eine relationale Bindung. Ganz gleich, wie gut die elterliche Fürsorge ist, es ist immer ein gewisser Groll und ein gewisses Unbefriedigtsein im Spiel, da jener andere Körper nicht in jedem möglichen Augenblick da sein kann. Hass gegen diejenigen, von denen man auf unerträgliche Weise abhängig ist, gehört also ganz gewiss zu jener Destruktivität, die sich in Liebesbeziehungen immer wieder Bahn bricht.

Wie lässt sich das in ein allgemeineres Prinzip fassen, das uns zu der Frage zurückführt, was uns vom Töten abhält und was uns das Leben des anderen bewahren lässt? Zerstören wir uns selbst jetzt noch selbst, wenn wir einen anderen zerstören? Wenn ja, liegt das daran, dass dieses »Ich«, das ich bin, immer nur auf zweideutige Weise abgegrenzt war und dass Abgrenzung für es ein fortgesetzter Kampf und ein anhaltendes Problem ist. Hier scheinen Klein und Hegel übereinzustimmen: Ich begegne dir, aber ich begegne dort auch mir selbst, verdoppelt in meiner Anfälligkeit; und ich bin nicht nur ich, sondern auch ein Gespenst, das ich von dir empfange, und ich suche nach einer anderen Geschichte als deiner.

Das »Ich« lebt so in einer Welt, in der sich Abhängigkeit nur durch Selbstauslöschung überwinden lässt. Eine bleibende Wahrheit des frühkindlichen Lebens prägt nach wie vor unser politisches Dasein und die Lossagungen und Abweichungen, aus denen Phantasien souveräner Selbstgenügsamkeit entspringen.[26] Daher sollten wir, wie Rose sagt, wenn wir Krieg vermeiden wollen, auch an einem gewissen »Spott« und an einem gewissen »Scheitern« festhalten, die uns vor Formen des Triumphalismus bewahren.[27]

Wir mögen denken, »echte« Sympathie setze voraus, dass ich mich als getrennt von dir begreife. Möglicherweise ist aber gerade meine Fähigkeit, *nicht* ich zu sein – die Rolle des anderen zu spielen, ja von seiner Stelle aus zu handeln –, ein Teil meiner selbst, der mir vielleicht erst ermöglicht, Mitgefühl mit dir zu empfinden. Und das bedeutet, dass mich die Identifikation zum Teil aus mir selbst heraus in dich hineinversetzt und dass das, was du mir zumutest, von mir getragen

26 Klein merkt an einer Stelle an, dass die Beziehung des Säuglings zur Mutter die Beziehung zum Leben ist. Sie sagt aber nicht, dass es die Beziehung zum Leben der Mutter oder zum eigenen Leben ist. »Leben« ist hier gerade eine Funktion dieses zweideutigen Referenten. Sein eigenes Leben und das Leben des anderen – beide werden hier als »Leben« bezeichnet.

27 Rose, »Negativity«, S. 37.

wird. Auf bestimmte Weise sind wir also gleichsam ineinander hinterlegt. Ich bin nicht nur die Ablagerung all derer, die ich geliebt und verloren habe, sondern auch das Vermächtnis all derer, die mich nicht richtig lieben konnten, und all derer, von denen ich mir vorstelle, dass sie mir jenen unerträglichen frühen Groll gegen mein eigenes Überleben und das unerträgliche Schuld- und Angstgefühl angesichts des destruktiven Potenzials meines Zorns erspart haben. Und ich will die sein, die deine Lebensbedingungen sichern und deinen Zorn angesichts deiner unentrinnbaren Abhängigkeit überleben will. Tatsächlich leben wir alle mehr oder weniger im Zorn über eine Abhängigkeit, aus der wir uns nicht befreien können, ohne unser soziales und psychisches Leben selbst zu befreien.

Ist uns diese Abhängigkeit im persönlichen und intimen Leben aber vorstellbar, muss uns dann nicht ebenso begreiflich sein, dass wir von Institutionen und Ökonomien abhängen, ohne die wir als die Geschöpfe, die wir sind, nicht weiterexistieren können? Und welche Auswirkungen hat diese Perspektive auf unser Nachdenken über Krieg, politische Gewalt oder die Preisgabe von Populationen an Krankheit oder Tod? Das moralische Tötungsverbot muss vielleicht zu einem politischen Prinzip erweitert werden, das der Sicherung von Leben durch institutionelle und wirtschaftliche Mittel gilt, und zwar *ohne* Unterschiede zu machen zwischen Populationen, die von sich aus betrauerbar sind, und solchen, die es nicht sind.

Im nächsten Kapitel hoffe ich zeigen zu können, inwieweit eine konsistente und umfassende Konzeption des betrauerbaren Lebens unsere Gleichheitsvorstellungen in Biopolitik und Kriegslogik revidieren kann. Es geht nicht nur – so wichtig das ist – um die Wiedergutmachung von uns angerichteter oder imaginierter Schäden, sondern auch um die Vorwegnahme und Verhütung *kommender* Schäden. Zu diesem Zweck ist eine vorwegnehmende Wiedergutmachung zu mobilisieren, ein aktiver Schutz existierenden Lebens für seine unvorhersehbare Zukunft.[28] Ohne diese offene Zukunft, könnten wir sagen, ist ein Leben einfach nur da, aber es lebt nicht. Ich vermute den Grund dafür, dass wir nicht immer gewalttätig handeln, nicht einfach in der Berechnung, der andere könnte uns gegenüber ebenso vorgehen und Gewalteinsatz liege daher nicht in unserem eigenen Interesse. Vielmehr ist der Grund in den konfliktträchtigen sozialen Bedingungen zu suchen, die die Basis der Subjektformierung in der Welt der Pronomen bilden: Dieses »Ich«, das ich bin, ist schon ein soziales Wesen und an eine soziale Welt gebunden, die über die Sphäre des Vertrauten hinausgeht und weitgehend unpersönlich ist. Ich werde im Geist des anderen zunächst als »du« oder als geschlechtsspezifisches Pronomen denkbar, und diese phantasmatische Ideation bringt mich als soziales Geschöpf hervor. Die Abhängigkeit, die mich noch vor der Erscheinung von Pronomen konstituiert, unterstreicht meine Abhängigkeit von denen, die mir erst Form geben, indem sie mich definieren. Meine Dankbarkeit ist hier gewiss nicht frei von verständlichem Zorn. Aber genau an diesem Punkt entsteht die Ethik, denn ich bin

28 Vgl. David Eng, »Reparations and the Human«, in: *Columbia Journal of Gender and Law* 21:2, (2011), S. 561-583.

zum Erhalt dieser konfliktuellen Bindungen angehalten, ohne die ich selbst nicht existieren würde und gar nicht im vollen Maß denkbar wäre. Daher ist die Arbeit an Konflikten und Ambivalenzen von entscheidender Bedeutung, um zu verhindern, dass der Zorn in Gewalt umschlägt.

Wo alle Leben als gleich betrauerbar gelten, wird eine neue Form von Gleichheit in das Verständnis sozialer Gleichheit eingeführt, die sich auf das wirtschaftliche und institutionelle Leben auswirkt; das würde ein Ringen mit der Zerstörung beinhalten, derer wir selbst fähig sind, das Ringen einer Kraft gegen eine andere. Das wäre etwas anderes als der Schutz der Gefährdeten durch die Stärkung paternalistischer Macht. Diese Strategie kommt denn auch immer erst spät ins Spiel und wird der ausdifferenzierenden Produktion von Gefährdung nicht gerecht. Wird ein Leben aber von Anfang an als betrauerbar betrachtet, als Leben, das potenziell verloren werden kann, und gäbe dieser Verlust von Anfang an Anlass zur Trauer, dann würde die Welt sich so organisieren, dass dieser Verlust verhindert und dieses Leben vor Schaden und Zerstörung bewahrt würde. Würden alle Leben durch ein solches egalitäres Imaginäres wahrgenommen, wie würde sich damit das Handeln der Akteure im gesamten politischen Spektrum verändern?

Es ist notorisch schwer zu vermitteln, dass diejenigen, die ins Visier geraten oder preisgegeben oder verdammt werden, auch Betrauerbare sind, dass ihr Verlust zählen würde oder zählen wird und dass ihre Preisgabe zu großem Bedauern und zur Pflicht der Wiedergutmachung führen wird. Welche Haltung erlaubt uns also die Antizipation von Bedauern und Reue, sodass unser heutiges und künftiges Handeln eine Zukunft verhindern kann, die wir beklagen werden? In der griechischen Tragödie scheint die Wehklage auf den Zorn zu folgen und kommt in der Regel zu spät. Aber es gibt da auch den Chor, eine anonyme Gruppe von Menschen, die sich versammeln und angesichts des hervorbrechenden Zorns singen und schon beklagen und betrauern, was sie kommen sehen.[29]

29 Vgl. Nicole Loraux, *Mothers in Mourning*, Ithaca, NY 1998, S. 99-103. Vgl. auch Athena Athanasiou, *Agonistic Mourning: Political Dissidence and the Women in Black*, Edinburgh 2017.

3. Ethik und Politik der Gewaltlosigkeit

In den vorangegangenen Kapiteln habe ich die Psychoanalyse sowohl mit der Moralphilosophie wie mit der Gesellschaftstheorie zu verbinden gesucht und darauf hingewiesen, dass einigen unserer ethischen und politischen Debatten stillschweigende demografische Vorannahmen darüber zugrunde liegen, wer die Frage der Moral stellt und wem sie gilt. Wir können die Frage »Wessen Leben soll geschützt werden?« gar nicht ohne Vorannahmen darüber stellen, wessen Leben als potenziell betrauerbar betrachtet wird. Denn Leben, die nicht als potenziell betrauerbar zählen, haben nur wenig Aussicht auf Schutz. Ich ging davon aus, dass die Psychoanalyse uns erkennen hilft, wie Phantasmen eine unhinterfragte Dimension moralischer Überlegungen bilden können, die für sich in Anspruch nehmen, rational zu sein. Wir wenden uns nun Michel Foucault und Frantz Fanon und dem zu, was wir »Bevölkerungsphantasmen« und »Rassenphantasmen« nennen können, um die stillschweigenden, ja unbewussten Formen des Rassismus zu verstehen, die den staatlichen und öffentlichen Diskurs über Gewalt und Gewaltlosigkeit prägen. Étienne Balibar und Walter Benjamin, zusammen gelesen, machen den vielfältigen Sinn des Gewaltbegriffs und den komplexen Rhythmus verständlicher, in dem Staats- und Behördengewalt als »gewaltsam« kennzeichnen, was sich ihrer eigenen Legitimität entgegenstellt, sodass diese Benennungspraxis ihre eigene Gewalt stützt und gleichzeitig verbirgt.

Ich habe vorgeschlagen, zwei deutlich abgrenzbare Formen der moralischen Debatten über Gewaltlosigkeit zu unterscheiden. Die erste kreist um die Gründe für den Verzicht auf das Töten oder Zerstören eines anderen oder anderer, während die zweite sich darauf konzentriert, welche Pflichten wir zur Bewahrung des Lebens eines anderen oder anderer haben. Wir können fragen, was uns vom Töten abhält, aber wir können auch danach fragen, was uns zu moralischen oder politischen Haltungen motiviert, die so weit wie möglich aktiv Leben zu bewahren suchen. Es ist von großer Wichtigkeit, ob solche Fragen einzelne andere, bestimmte Gruppen oder grundsätzlich alle anderen betreffen, denn unsere Vorannahmen über die Natur von Individuen und Gruppen sowie unsere Vorstellungen von der Menschheit als solcher, wie wir sie hier ins Spiel bringen – sehr oft Vorannahmen demografischer Art, einschließlich Phantasien darüber, wer überhaupt als Mensch zählt –, prägen unsere Auffassungen darüber, welche Leben der Bewahrung wert sind und welche nicht und wie wir unseren operativen Begriff der Menschheit definieren und eingrenzen. Etymologisch betrachtet widmet sich die Demografie der Frage, wie Menschen (*demos*) geschrieben (*graphos*) oder repräsentiert werden, wobei die Statistik, mit der sie manchmal assoziiert wird, nur eines ihrer expliziten Mittel zur diskursiven Abgrenzung von Populationen ist. Mithilfe welcher anschaulichen Mittel würden wir nun zwischen den Betrauerbaren und den Unbetrauerbaren unterscheiden?

Betrauerbares Leben: Gleichheit von unschätzbarem Wert

Wie dargelegt, halte ich Gewaltpotenziale für ein Merkmal sämtlicher Interdependenzbeziehungen, und eine von der konstitutiven Rolle der Interdependenz für das soziale Band ausgehende Konzeption muss jederzeit mit Ambivalenzen rechnen, wie Freud sie aus dem Konflikt zwischen Liebe und Hass entstehen sieht. Wie ich nun zu zeigen hoffe, kann und sollte die Einsicht in die ungleiche Verteilung der Betrauerbarkeit von Leben unsere Debatten sowohl über Gleichheit wie über Gewalt in eine andere Richtung lenken. Tatsächlich hat die politische Verteidigung der Gewaltlosigkeit ohne eine Verpflichtung auf Gleichheit keinen Sinn.

Sofern und soweit eine Bevölkerungsgruppe betrauerbar ist, kann sie als lebendig anerkannt werden und ihr Tod würde im Verlustfall betrauert, das heißt, der Verlust wäre unannehmbar und sogar falsch, ein Moment des Schocks und der Empörung. Einerseits ist Betrauerbarkeit ein einer Gruppe von Menschen (vielleicht einer ganzen Population) von einer Gruppe oder Gemeinschaft zugesprochenes Merkmal oder eine Qualität, die im Rahmen eines Diskurses oder einer Politik oder Institution zugesprochen wird. Diese Zuschreibung kann über viele verschiedene Medien und mit mehr oder minder großem Nachdruck erfolgen; sie kann aber auch *unterbleiben* oder nur hier und da und inkonsistent nach wechselndem Kontext erfolgen. Mir geht es aber darum, dass Menschen nur betrauerbar sein oder das Attribut der Betrauerbarkeit besitzen können, soweit ihr Verlust anerkennbar ist; und das ist der Verlust nur, wenn die Bedingungen dafür in einer Sprache, den Medien, einem kulturellen oder intersubjektiven Feld gleich welcher Art gegeben sind. Er ist sogar anerkennbar, wo kulturelle Kräfte dem entgegenwirken, aber das erfordert dann einen Protest, der imstande ist, sich von der obligatorischen und melancholischen Norm der Verleugnung zu lösen und die performative Dimension öffentlicher Trauer freizusetzen, um die Einschränkungen der Betrauerbarkeit offenzulegen und zu neuen Bedingungen für Anerkennung und Widerstand zu gelangen. Das wäre eine Form militanter Trauer, die in die Sphäre der öffentlichen Wahrnehmung einbricht und eine neue Konstellation von Raum und Zeit eröffnet.[1]

Wir mögen einen humanistischen Ansatz bevorzugen und davon ausgehen, dass jeder ohne Rücksicht auf »Rasse«, Religion oder Herkunft ein betrauerbares Leben hat, und militant für die Anerkennung dieser grundlegenden Gleichheit kämpfen. Wir mögen darauf bestehen, dass es eine Tatsachenfeststellung ist, dass jedes Leben gleichermaßen betrauerbar ist. Beschränken wir uns jedoch auf diese Beschreibung, werden wir der gegenwärtigen Realität mit ihren allgegenwärtigen Ungleichheiten ganz und gar nicht gerecht. Wir sollten also vielleicht einen offen normativen Schritt machen und davon ausgehen, dass jedes Leben betrauerbar *sein sollte*; damit würden wir einen utopischen Ho-

1 Vgl. Douglas Crimp, »Mourning and Militancy«, in: *October* 51 (1989), S. 3-18; vgl. auch Ann Cvetkovich, »AIDS Activism and the Oral History Archive«, in: *Public Sentiments* 2:1 (2003).

rizont öffnen, in dem sich Theorie und Beschreibung bewegen müssen. Das deskriptive Argument, dass jedes Leben inhärent betrauerbar ist und von Natur aus oder a priori Wert besitzt, enthält bereits die normative Forderung, dass jedes Leben betrauerbar sein *sollte*, sodass sich die Frage stellt, warum wir von der deskriptiven Behauptung diese normative Arbeit verlangen. Schließlich müssen wir auf die radikale Diskrepanz zwischen dem Ist- und dem Soll-Zustand hinweisen. Halten wir beide also getrennt, zumindest für diese Art von Debatten. Im heute gegebenen Rahmen für theoretische Überlegungen ist die angemessenere deskriptive Behauptung schließlich sicher nicht die, dass alles Leben gleichermaßen betrauerbar ist. Gehen wir also von dem, was ist, über zu dem, was sein sollte, oder beginnen wir zumindest mit diesem Schritt, der einen utopischen Horizont für unsere Arbeit eröffnet.[2]

Wenn man darüber hinaus von Leben spricht, die nicht im gleichen Maß betrauerbar sind, setzt man bereits ein Ideal der gleichen Betrauerbarkeit voraus. Mindestens zwei Implikationen dieser Formulierung werfen kritische Probleme auf. Erstens müssen wir fragen, ob es ein Maß gibt, mit dem wir messen oder berechnen können, in welchem Umfang jemand tatsächlich betrauert wird. Wie stellt man fest, dass ein Bevölkerungsteil mehr und ein anderer weniger betrauerbar ist? Gibt es Grade der Betrauerbarkeit? Eine Berechnungsmethode zur Beantwortung solcher Fra-

2 Vgl. Drucilla Cornell, *The Imaginary Domain*, London 2016 [1995]. Vgl. auch Cornelius Castoriadis, *Gesellschaft als imaginäre Institution*, Frankfurt/M. 1975.

gen wäre gewiss verstörend, wenn nicht ganz und gar kontraproduktiv. Die Behauptung, dass manche in höherem Maß betrauerbar sind als andere, dass manche unter gewissen Voraussetzungen und Umständen vor Gefahr, Elend und Tod besser geschützt werden als andere, bedeutet gerade (wie auch Derrida sagt), dass der unermessliche Wert eines Lebens im einen Rahmen anerkannt wird und im anderen nicht oder dass in derselben Lage (soweit wir Parameter für sie angeben können) die einen als Träger eines unermesslichen Wertes anerkannt werden, während der Wert der anderen Berechnungen unterliegt. Wer Gegenstand einer Berechnung ist, befindet sich schon in der Grauzone der Unbetrauerbarkeit. Die zweite Implikation der Aussage, dass nicht alle Leben als gleichermaßen betrauerbar behandelt werden, liegt darin, dass wir unsere Vorstellungen von Gleichheit überprüfen müssen, um Betrauerbarkeit als soziales Attribut berücksichtigen zu können, für das egalitäre Standards gelten sollten. Anders gesagt sprechen wir noch gar nicht über Gleichheit, wo wir nicht schon über gleiche Betrauerbarkeit oder die gleiche Zuschreibung von Betrauerbarkeit gesprochen haben. Betrauerbarkeit ist ein Definitionsmerkmal von Gleichheit. Diejenigen, deren Betrauerbarkeit nicht angenommen wird, sind diejenigen, die unter Ungleichheit – ungleichem Wert – leiden.

Foucault und Fanon über die Kriegslogik der »Rasse«

Ich habe das in Kapitel 2 schon ausgeführt: Wenn wir sagen, dass ein Leben unbetrauerbar ist, sprechen wir nicht bloß von Leben, die bereits vorbei sind. In der Welt als betrauerbar zu leben heißt auch zu wissen, dass der eigene Tod betrauert *werden würde*. Es heißt aber auch zu wissen, dass das eigene Leben wegen seines Wertes geschützt werden wird. Diese Evaluation ungleicher Betrauerbarkeit ist Teil der Biopolitik; das heißt, dass wir diese Form der Ungleichheit nicht immer auf staatliche Entscheidungsprozesse zurückführen können. Im letzten Kapitel seiner Vorlesung *In Verteidigung der Gesellschaft* von 1975/76 geht Foucault auf das Auftauchen des biopolitischen Feldes im 19. Jahrhundert ein. Hier beschreibt »das Biopolitische« die Vollzugsweisen von Macht über Menschen als Lebewesen. Anders als die Staatsmacht scheint die Biopolitik oder Biomacht eine spezifisch europäische Formation zu sein. Sie operiert mittels verschiedener Technologien und Methoden des Managements von Leben und Tod. Für Foucault ist das eine ganz eigene Macht, sofern sie auf Menschen in ihrem Status als lebendige Wesen ausgeübt wird. Foucault spricht hier manchmal von einem »biologischen« Status, ohne indes zu sagen, an welche Version der Wissenschaft Biologie er dabei denkt. Er beschreibt die biopolitische Macht als die regulatorische Macht, verschiedene Populationen »leben zu machen« oder »sterben zu lassen«, eine Macht, die sich von der staatlichen Macht,

»sterben zu machen« oder »leben zu lassen«, unterscheidet.«[3]

Wie so oft in Foucaults Werk handelt die Macht, aber nicht aus einem souveränen Zentrum heraus. Vielmehr gibt es zahlreiche Handlungszentren der Macht, die in einem postsouveränen Kontext das Management von Populationen als lebendiger Wesen betreibt, sie verwaltet, um sie leben zu machen oder sterben zu lassen. Diese Form der Biomacht reguliert unter anderem die Lebbarkeit des Lebens selbst und bestimmt über relative Lebenspotenziale von Populationen. Diese Art Macht ist in Sterblichkeits- und Geburtenraten dokumentiert, die bestimmte der Biopolitik eigene Formen des Rassismus erkennen lassen.[4] Sie äußert sich außerdem in bestimmten Formen des Pronatalismus und von »Pro Leben«-Positionen, die regelmäßig bestimmte Lebensarten oder lebendes Gewebe (beispielsweise den Fötus) vor anderen (etwa junge oder erwachsene Frauen) privilegieren. Die »Pro Leben«-Position ist also der Ungleichheit verpflichtet und perpetuiert und intensiviert damit die soziale Ungleichbehandlung von Frauen und die unterschiedliche Betrauerbarkeit von Leben.

3 »Das Recht der Souveränität besteht demgemäß darin, sterben zu machen oder leben zu lassen. Danach installiert sich dieses neue Recht: das Recht, leben zu machen und sterben zu lassen.« Michel Foucault, *In Verteidigung der Gesellschaft. Vorlesungen am Collège de France (1975-1976)*, Frankfurt/M. 2016, S. 284.

4 Für Ruth Wilson Gilmore ist Rassismus »ganz spezifisch die staatlich sanktionierte oder außerrechtliche Erzeugung und Ausbeutung nach Gruppen differenzierter Gefährdungen durch vorzeitigen Tod«. Ruth Wilson Gilmore, *Golden Gulag: Prisons, Surplus, Crisis, and Opposition in Globalizing California*, Berkeley 2007, S. 28.

Für unsere Zwecke von Bedeutung ist Foucaults Behauptung, wonach es kein apriorisches Recht auf Leben gibt, sondern dieses erst geschaffen werden muss, um in Anspruch genommen werden zu können. Unter Bedingungen der politischen Souveränität etwa existiert ein Recht auf Leben – und auch das Recht auf den eigenen Tod – nur für jene, die bereits als Rechte besitzende Subjekte konstituiert wurden. Unter Bedingungen der Biopolitik dagegen ist das »Recht« auf Leben viel ambivalenter, da die Macht hier eher *Populationen* als Subjekte reguliert. Zudem unterscheidet sich die Beziehung des Biopolitischen zu Fragen von Leben und Tod von dem, was Foucault »die Beziehungen des Krieges« nennt. Die Kriegslogik folgt dem Diktum: »Wenn man leben will, muss man Leben nehmen, man muss töten können.«[5] Foucault reformuliert diese grundlegende Maxime des Krieges zumindest zweimal, und sie lautet schließlich: »Um zu leben, muss der andere sterben.« In der ersten Version muss man selbst zum Töten bereit sein und ist Töten ein Mittel zur Bewahrung des eigenen Lebens. In der zweiten Fassung muss der andere sterben, damit man selbst leben kann, aber man muss nicht derjenige sein, der dem anderen das Leben nimmt. Damit öffnet sich der Weg zu anderen Technologien und Verfahren, dank derer man Leben im Stich lassen oder »sterben lassen« kann, ohne dass *irgendjemand* dafür die Verantwortung übernimmt.[6]

5 Das »man« (französisch »on«) ist zweideutig: Singular und Plural zugleich; daher bleibt unklar, ob der Krieg aus der Selbsterhaltung oder der Erhaltung der Gruppe folgt. Vgl. Foucault, *In Verteidigung der Gesellschaft*, S. 301.

6 Ebd., S. 284.

Schwieriger anzugeben ist in diesem Kontext, wie »Rasse« beim Krieg ins Spiel kommt oder welche Rolle staatlicher Rassismus in Kriegen spielt, die einer biopolitischen Logik folgen. Foucault trennt das Biopolitische von der Kriegführung, wenn er für die Biomacht einen anderen Bezug zum Tod annimmt. Er schreibt, dass der Tod in der Biomacht »nicht von oben herniederfährt«, sondern dass Leben und Tod hier vielmehr mithilfe anderer Arten der Verwaltungs- und Institutionslogik reguliert werden. Die Tage, da der Tod einfach zuschlägt, sind aber noch nicht gezählt, auch wenn Foucault das hier und da nahezulegen scheint, um eine andere Art der Macht in den Vordergrund zu rücken. Macht und Gewalt operieren für ihn indirekter, weniger spektakulär und weniger durch staatliche Gewalt orchestriert. So leicht lässt sich aber die Staatsmacht von der biopolitischen nicht trennen – Foucault geht darauf in späteren Vorlesungen selbst ein –, und wir sollten skeptisch gegenüber jedem Versuch bleiben, eine klare historische Abfolge zwischen beiden zu konstruieren. Ganz besonders gilt das, wo die Abfolge auf einer progressiven Version der modernen europäischen Geschichte basiert, die im Übrigen die europäischen Kriege der beiden letzten Jahrhunderte außer Acht lässt.

Was geschieht, wenn ein Leben gar nicht als lebendig gilt, das heißt gar nicht als Leben zählt? Foucault konnte klar behaupten, dass ein Recht auf Leben nur einem Subjekt zukommt, das bereits als Inhaber von Rechten konstituiert ist, für das Leben zu den notwendigen Rechten zählt. Können wir dann nicht entsprechend behaupten: Damit jemand überhaupt Subjekt mit dem Recht auf Leben werden kann, muss nicht zunächst einmal sein Status als lebendiges Wesen konstituiert sein? Der Rassismus, sagt Foucault, führt einen Bruch in den Bereich des Lebens ein, der der Kontrolle der Macht unterworfen ist. Diesen Bruch können wir uns vielleicht so vorstellen, dass er nicht nur zwischen überlegenen und unterlegenen Arten in der Idee der Spezies unterscheidet, sondern auch zwischen Lebenden und Nichtlebenden.[7] Wenn eine nichtlebende Population zerstört wird, ist schließlich nichts Bemerkenswertes geschehen: Es hat gar keine Zerstörung stattgefunden, nur die Beseitigung gewisser Störungen auf dem Weg der Lebenden.

Foucault sieht kritische Fragen aus dem Gebiet der politischen Theorie in Bezug auf seinen Begriff des Lebens auf sich zukommen. Er scheut diese Debatte, vielleicht aus Furcht, auf den Vitalismus oder auf gewisse Grundsatzpositionen zum Lebensbegriff festgelegt zu werden, nach denen Leben dem Vertrag, der Souveränität und dem Biopolitischen noch vorausliegt.[8] »All das ist eine Frage der politischen Philosophie, die man beiseitelassen kann, die jedoch sehr gut zeigt, wie das Problem des Lebens im Feld des politischen Denkens, der Analyse der politischen Macht problema-

7 Für Foucault konstituiert der Rassismus das Biopolitische als »Zäsur« oder Bruch in der Gattung: »Die erste Funktion des Rassismus liegt darin, zu fragmentieren und Zäsuren innerhalb des biologischen *Kontinuums*, an das sich die Bio-Macht wendet, vorzunehmen.« Foucault, *In Verteidigung der Gesellschaft*, S. 301.

8 Vgl. Catherine Malabou, »One Life Only: Biological Resistance, Political Resistance«, in: *Critical Inquiry* 42:3 (2016).

tisch zu werden beginnt.«[9] Die Frage kann nicht ganz beiseitegeschoben werden, aber nicht, weil bestimmte Annahmen über die Form des Lebens der Sphäre der Macht vorausliegen. Meiner Auffassung nach ist die Macht schon in rassistischen Schematisierungen am Werk, die nicht nur durchweg zwischen mehr und minder wertvollen, mehr und minder betrauerbaren Leben unterscheiden, sondern auch zwischen Leben, die mehr, und solchen, die weniger nachdrücklich überhaupt als Leben zählen. Ein Leben kann als solches nur in einem Ordnungsschema gelten, in dem es als Leben ausgewiesen ist. Die epistemologische Entwertung oder Ausschließung der Lebendigkeit einer Population – die Definition einer genozidalen Epistemologie – strukturiert das Feld der Lebenden in einem Kontinuum mit ganz konkreten Implikationen für die Frage, wessen Leben der Erhaltung wert ist, wessen Leben zählt, wessen Leben betrauerbar ist.

Mit dieser Frage ist auch von vornherein das »historisch-rassische Schema« hinterfragt, von dem Frantz Fanon in *Schwarze Haut, weiße Masken* spricht, eine Schematisierung, die als eigene Form der Wahrnehmung und Projektion fungiert, als interpretatorisches Gehäuse, das den schwarzen Körper umgibt und seine soziale Negation bewirkt. Fanon unterscheidet hier zwischen dem »historisch-rassischen« Schema und dem »rassisch-epidermalen Schema« (das dem schwarzen Leben ein eigenes Wesen zuschreibt); aber es ist das historisch-rassische Schema, das in direktem Bezug zu einem Begriff zu stehen scheint, den der fran-

9 Foucault, *In Verteidigung der Gesellschaft*, S. 285.

zösische Phänomenologe Maurice Merleau-Ponty entwickelt, nämlich zum Begriff des »Körperschemas«, und das auch Bezüge zu den für die Betrauerbarkeit folgenreichen rassistischen Schematisierungen besitzt. Ein Körperschema ist für Merleau-Ponty die Organisation stillschweigender strukturierender körperlicher Bezüge zur Welt, aber es ist auch die Selbstkonstituierung unter den Bedingungen, die diese Welt zugänglich macht. Das »historisch-rassische« Schema findet sich nach Fanon auf einer tieferen Ebene und sprengt Merleau-Pontys idealisiertes Körperschema.[10] Die Elemente des »historisch-rassischen« Schemas stammen vom »weißen Mann«, wie er sagt, einer Figur, die für die Mächte des Rassismus steht und die schwarze Körpererfahrung der Welt in eine »gewisse Unsicherheit« stürzt. Einerseits dringt hier das »Bewußtsein eines Dritten« in das »Bewußtsein eines Ich« ein, sodass bereits die eigene Wahrnehmungsweise durch ein anderes Bewusstsein gespalten wird. Wer sieht, wenn ich sehe? Und wenn ich mich selbst sehe, sehe ich dann nur durch die Augen eines anderen? Auf der anderen Seite beschreibt das Körperschema, wie man sich selbst mit den Elementen der Welt konstituiert. Fanon beschreibt dieses zielgerichtete »Schema« als »schrittweise Komposition meiner selbst in einer räumlichen und zeitlichen Welt«. Die machtvolle Gestalt des »weißen Mannes« ist es, die »mich aus tausend Details, Anekdoten und Geschichten gewoben hat«.[11] Indem er also

10 Frantz Fanon, *Schwarze Haut, weiße Masken*, Frankfurt/M. 1992, S. 80f.
11 Ebd.

schreibt, erzählt er, wie er selbst von der dritten Person geschrieben oder gewoben wurde, und was wir auf der Seite sehen, ist die lange Mühe der Selbstkomposition nach der Spaltung des Körperschemas durch die Arbeit des Rassismus. Es ist die Ebene der körperlichen Erfahrung seiner selbst, auf der dieses Schema demontiert, enteignet, bewohnt, besetzt und zersetzt wird.

Natürlich bedient sich Fanon der ersten und der dritten Person, der Figuren des schwarzen und des weißen Mannes, um diese Idee des Schemas zu entwickeln. Das »historisch-rassische« Schema ist aber weiterreichend und diffuser als diese besonderen Figuren. Tatsächlich wirkt es auf das lebendige, verkörperte Leben von Populationen und bietet damit eine wichtige Ergänzung zu Foucaults Reflexionen über schwarzenfeindlichen Rassismus und Biomacht. Ein solches »historisch-rassisches« Schema liegt auch der Weltgesundheitspolitik, dem weltweiten Umgang mit Hunger, Flüchtlingen, Migration, Kultur, Besatzung und sonstigen kolonialen Praktiken sowie den Fragen von Polizeigewalt, Inhaftierung, Todesstrafe, Bombardierungen, Zerstörungen, Krieg und Genozid zugrunde. Foucault identifiziert am Ende seiner Vorlesungen zwar »Staatsrassismus« als zentrales Instrument der Verwaltung von Leben und Tod von Populationen, aber er sagt nicht, wie genau der Rassismus zur unterschiedlichen relativen Wertung von Leben führt. Es liegt natürlich auf der Hand, dass bestimmte Bevölkerungsgruppen durch Formen der Staatsmacht ins Visier genommen werden und dass es hier ein von der Biomacht ausgehendes »Sterbenlassen« gibt, aber wie genau ist zu erklären, dass Leben und Tod verschiedener Menschen unterschiedlich zählen oder auch nicht zählen? Gehen wir von der »Rassifizierung« als Prozess aus, der sich schon der Wahrnehmung von Leben als wichtig oder unwichtig durch »rassische« Schematisierung einprägt,[12] können wir weiterfragen: Wie gelangen solche ausdifferenzierenden Wahrnehmungen in militärische und politische Debatten über Zielpopulationen und ganze eingesperrte Völker? Und wie wirken sie als unkritisch angenommene Voraussetzungen, als »rassische« Schemata, in unsere eigenen Debatten über Gewalt und Gewaltlosigkeit hinein?

Am Ende von *In Verteidigung der Gesellschaft* wendet sich Foucault der Möglichkeit zu, dass prekäre oder im Stich gelassene Populationen noch gar nicht als Rechte besitzende Subjekte konstituiert sind und dass man, wenn man verstehen will, wer sie überhaupt sind – das heißt, wie sie im politischen Feld konstituiert werden –, über das Modell des Subjekts hinausgehen muss. Damit eröffnen sich Perspektiven für neue Überlegungen sowohl zum staatlichen Rassismus wie zu den Aktions- und Widerstandsformen von Populationen, die sich weder als individuelle noch als kollektive Subjekte beschreiben lassen. Foucault selbst hat diesen Weg leider nicht beschritten.[13]

12 Vgl. Michael Omi und Howard Winant, *Racial Formation in the United States*, London [3]2015; und Karim Murji und John Solomos (Hg.), *Racialization: Studies in Theory and Practice*, Oxford 2005.

13 Vgl. Kim Su Rasmussen, »Foucault's Genealogy of Racism«, in: *Theory, Culture, and Society* 28:5 (2011), S. 34-51; und Ann Stoler, *Race and the Education of Desire*, Durham 1995.

Dieses aufgegebene Projekt lässt sich vielleicht wieder aufnehmen: Wenn ein Subjekt unter Bedingungen der Staatsmacht nach Foucault ein Recht auf Leben nur hat, wenn es als Rechtsträger konstituiert ist, hat eine Population unter Bedingungen der Biomacht einen Anspruch auf Leben nur, wo sie potenziell betrauerbar ist. Das ist meine These, mein Vorschlag für eine Ergänzung zu Foucault, wobei Fanon zur Frage herangezogen wird, welche Rolle »rassische« Schemata in »rassischen« Vorstellungen vom Lebendigen spielen, welche »rassischen« Phantasmen die demografischen Wertsetzungen prägen, die wiederum festlegen, wer betrauerbar ist und wer nicht, wessen Leben bewahrt werden soll und wessen Leben ausgelöscht oder dem Tod überlassen werden kann. Betrauerbarkeit ist natürlich ein riesiges Kontinuum und Populationen können im einen Kontext betrauert, im anderen übergangen werden. Manche Formen der Trauer können anerkannt sein, während andere verworfen werden und ohne Anerkennung bleiben. Aber die dominanten Schemata, in denen Leben Wert zugeschrieben wird, gründen immer in einer Modulation der Betrauerbarkeit, ganz gleich, ob deren Metrik beim Namen genannt wird oder nicht.

Das »historisch-rassische« Schema, das Feststellungen wie »Das ist/war ein Leben« oder »Das sind/waren Leben« ermöglicht, ist aufs Engste mit der Möglichkeit bestimmter Formen der Bewertung von Leben verbunden – Gedenken, Schutz, Anerkennung und Bewahrung von Leben. (»Das hier ist ein Leben, das der Mühe lohnt und wert ist, erhalten zu werden«; »Dieses Leben sollte die Bedingungen für seinen Fortbestand und für seine Wahrnehmung und Anerkennung als Leben haben.«) Die Phantasmagorie des Rassismus ist Teil dieses »rassischen« Schemas.[14] Wir sehen es am Werk als Gedankenabfolge, in bewegten Bildern kristallisiert, die ihrerseits Teil der Überlegungen werden, in denen der Lebensanspruch bestimmter Personen verneint wird; wir sehen, wie die Phantasmagorie des Rassismus in einer Metrik der Betrauerbarkeit wirkt. Ein Beispiel dafür ist die Abfolge, in der eine Person, hier Eric Garner in den Vereinigten Staaten 2014, von der Polizei in den Würgegriff genommen wird, hörbar äußert, dass er keine Luft bekommt, was man auch sehen kann; jeder der Anwesenden bemerkt, dass er das nicht viel länger überleben wird, woraufhin der Griff nur weiter verstärkt wird und in Strangulierung, in Mord mündet. Fürchtet der Polizist, der den Würgegriff bis zum Tod verstärkt, dass der Sterbende ihn angreifen könnte oder dass sein eigenes Leben in Gefahr ist? Oder kann dieses Leben einfach ausgelöscht werden, weil es gar nicht als Leben betrachtet wird, nie ein Leben gewesen ist, der Norm von Leben im »rassischen« Schema nicht entspricht, also nicht als betrauerbares Leben zählt, als Leben, das der Erhaltung wert ist? Ein anderer Fall: Als Walter Scott in South Carolina 2015, unbewaffnet, deutlich verängstigt, der Polizei den Rücken kehrt und davonläuft – wie wurde

14 Sowohl das »rassisch-epidermale« wie das »historisch-rassische« Schema sind in dieser Phantasmagorie am Werk. Die essenzialistische Kennzeichnung einer »rassischen« Minorität kann ein Weg der Negierung des Wertes dieses Lebens sein, aber auch ein Weg, um von vornherein die Möglichkeit auszuschließen, dieses Leben als Leben wahrzunehmen.

er phantasmagorisch in eine auszulöschende bedrohliche Gestalt verwandelt? In diesem Entscheidungsmoment oder dieser Handlung im Rahmen einer Logik des »Rassenkrieges« glaubt der betreffende Polizist vielleicht sein eigenes Leben eher als das des anderen in Gefahr. Vielleicht haben wir es hier einfach mit einem gewaltsamen Moment eines biopolitischen Apparats zu tun, mit einem Weg, Leben in den Tod hinein zu verwalten. In diesem Fall ist der schwarze Mann einfach da, verletzlich bis zum Tod, und so wird er getötet, als sei er Beute und die Polizisten Jäger. Hier ist Trayvon Martin, getötet von George Zimmerman, der freigesprochen wurde, und da Marissa Alexander im selben Distrikt, die zu zwanzig Jahren Haft verurteilt wurde, weil sie sich gegen einen sexuellen Übergriff verteidigt hat.

Wie haben wir das zu verstehen, wenn unbewaffnete schwarze Männer oder Frauen, Schwule oder Transsexuelle sich gehend oder laufend von der Polizei entfernen und dennoch niedergeschossen werden und wenn diese Taten dann oft als Selbstverteidigung, ja als Verteidigung der Gesellschaft hingestellt werden? Ist dieses Sichabwenden oder dieses Weggehen oder Weglaufen tatsächlich eine vom Polizisten vorweggenommene Aggression? Der Polizist, der sich entschließt zu schießen oder der einfach schießt, überlegt vielleicht, vielleicht auch nicht, aber ganz offenbar ist sein Denken in den Griff eines Phantasmas geraten und hat so die Gestalten und Bewegungen vor seinen Augen umgekehrt, um schon vorweg seine mögliche tödliche Handlung zu rechtfertigen. Die mögliche und dann die tatsächliche Gewalttat des Polizisten kommt ihm bereits als Gestalt, als »rassisch« geprägtes Gespenst entgegen, die seine eigene Aggression verdichtet und umkehrt und gegen ihn selbst richtet und seiner eigenen Handlungsabsicht vorauseilt und sie wie in einem Traum schon hier, wie dann in seinem späteren Plädoyer auf Selbstverteidigung, rechtfertigt.

Der Rahmen für diese Gewalt reicht natürlich weiter und muss auch Gewalttaten mit zugleich »rassischem« und geschlechtsspezifischem Hintergrund erfassen und damit offenlegen, dass sich Gewalt insbesondere gegen schwarze Frauen in ganz unterschiedlichen Schauplätzen und Handlungsabfolgen mit ganz unterschiedlichen Konsequenzen abspielt. Der Bericht »Sag ihren Namen: Widerstand gegen Polizeibrutalität gegen schwarze Frauen«, veröffentlicht im Juli 2015 vom Center for Intersectionality and Social Policy Studies unter der Leitung von Kimberlé Williams Crenshaw und Andrea Ritchie, macht deutlich, dass beinahe sämtliche wichtigen Beispielfälle in den Medien für Polizeigewalt gegen Schwarze in den Vereinigten Staaten schwarze Männer betreffen; das zeigt, dass schwarzenfeindlicher Rassismus und Polizeigewalt in einem restriktiven Gender-Rahmen dargestellt werden.[15] Crenshaw fordert einen »genderübergreifenden Ansatz in Bezug auf »rassische« Gewalt« und lenkt die Aufmerksamkeit darauf, wie schwarze Frauen übermäßig ins Visier der Polizei geraten und zu wenig geschützt werden, aber auch darauf, dass in diesen Fällen

15 African American Policy Forum, »#SayHerName: Resisting Police Brutality against Black Women«, AAPF, offizielle Webseite, <aapf.org>.

Verletzungen und Todesfälle nicht gleichermaßen vollständig dokumentiert oder verzeichnet werden, nicht einmal innerhalb sozialer Bewegungen, die sich explizit gegen Polizeigewalt wenden.[16]

Um das Problem sichtbar zu machen, müssten wir darstellen, wie schwarze Frauen auf verschiedene Weise in Begegnungen mit der Polizei in Todesgefahr geraten, auf der Straße, zu Hause oder in Haft. Da sind die Frauen, die wegen Verkehrsdelikten angehalten und dann erschossen werden, wie Gabriella Nevarez in Sacramento 2014 oder Shantel Davis in Brooklyn 2012 oder Malissa Williams in Ohio 2012 oder LaTanya Haggerty in Chicago 1999. Und dann natürlich dieser Fall: Im Juli 2015 wurde Sandra Bland aus dem Verkehr gewunken, weil sie beim Spurwechsel nicht geblinkt hatte. Sie wurde wegen tätlichen Angriffs angeklagt, in Waller County, Texas, inhaftiert und drei Tage später tot in ihrer Zelle gefunden. Unklar bleibt, ob es sich um Selbstmord oder Mord handelte. Bemerkenswert ist auch die Zahl schwarzer Frauen, die getötet werden, wenn die Polizei in Fällen häuslicher Gewalt gerufen wird. Häufig behaupten die Beamten dann, die betreffenden Frauen seien aggressiv oder mit Messern bewaffnet gewesen, was stimmen mag oder auch nicht, aber es scheint, dass es in manchen dieser Fälle Ungehorsam gegenüber Polizeianordnungen gewesen ist, der zum Schusswaffengebrauch geführt hat. Leben werden aber nicht in allen Fällen durch direkte Tötungshandlungen genommen:

16 Kimberlé Williams Crenshaw, »From Private Violence to Mass Incarceration«, in: *UCLA Law Review* 59 (2012), S. 1418.

Ein Ruf nach dem Arzt bei einem Asthmaanfall bleibt ohne Reaktion, und Sheneque Proctor stirbt 2014 in einer Gefängniszelle in Bessemer, Alabama. Übermäßig im Visier der Polizei werden schwarze Frauen häufig als aggressiv, gefährlich, außer Kontrolle oder als Drogenkuriere dargestellt; zu wenig geschützt, bleiben ihre eigenen Hilferufe oft ebenso unbeachtet oder werden verhöhnt wie ihre Forderungen nach medizinischer oder psychiatrischer Behandlung.

Der heutige europäische Rassismus hat vielleicht andere Formen, aber die Bemühungen, Migranten von Europa fernzuhalten, gründen zum Teil im Wunsch, Europa weiß zu halten, eine Nationalität zu schützen, die als rein imaginiert wird. Dabei spielt es kaum eine Rolle, dass Europa nie rein weiß gewesen ist, denn die Idee des europäischen Weißseins ist eine Phantasievorstellung, die sich auf Kosten einer lebendigen Population unter anderem von Menschen aus Nordafrika, der Türkei und dem Nahen Osten zu verwirklichen sucht. Folgen wir Foucaults Theorie der Biomacht und lesen wir sie zusammen mit Achille Mbembes Gedanken zur Nekropolitik,[17] gewinnen wir einen analytischen Ansatz zur Betrachtung der Politik, die diese Metrik der Betrauerbarkeit reproduziert. Die vielen Tausend Migranten, die ihr Leben im Mittelmeer verloren haben, sind gerade diejenigen Leben, die nicht als schutzwürdig galten. Diese Gewässer werden zu Zwecken des Handels und der Sicherheit überwacht, oft besteht

17 Achille Mbembe, »Necropolitics«, in: *Public Culture* 15:1 (2003), S. 11-40; vgl. auch ders., *Necropolitics*, Durham, NC 2019.

sogar Netzanbindung. Wie viele Länder müssen also Verantwortung leugnen, damit man diese Menschen sterben lassen kann? Selbst wenn wir die Entscheidung, Booten in Seenot keine Hilfe zu schicken, bis hin zu diesem oder jenem Amtsträger einer europäischen Regierung nachverfolgen könnten, würde das ganze Ausmaß der Politik nicht deutlich, die Populationen effektiv sterben lässt und die sie lieber sterben lässt, als sie aufzunehmen. Einerseits werden hier Entscheidungen getroffen, die wir den Verantwortlichen zuordnen können; andererseits ist diesen Entscheidungen die Metrik der Betrauerbarkeit so eingeprägt, dass Migrantenpopulationen von vornherein unbetrauerbar sind. Diejenigen, die wir nicht betrauern können, können wir auch nicht verlieren. Sie stehen jenseits des Verlusts, sind schon verloren, haben nie gelebt und hatten nie einen Anspruch auf Leben.

Alle diese Formen, Leben zu nehmen oder Leben sterben zu lassen, sind nicht nur konkrete Beispiele für die Funktionsweise der Metrik der Betrauerbarkeit; sie besitzen die Macht, über die Betrauerbarkeit und den Wert von Leben zu bestimmen und sie zuzuteilen. So funktioniert diese Metrik konkret, so arbeiten ihre Technologien, so sehen ihre Anwendungspunkte aus. In diesen Fällen erkennen wir die Konvergenz der biopolitischen Logik des »historisch-rassischen« Schemas mit den phantasmagorischen Verkehrungen, die das soziale Band verschleiern: Was als isolierter Gewaltakt oder als Ausdruck individueller Psychopathologie erscheinen mag, erweist sich als Teil eines Musters, als punktueller Moment in einer *wiederholten Praxis* der Gewalt. Diese Praxis gründet in einem und verfestigt ein »rassisches« Schema, in dem Aggression durch eine Logik gerechtfertigt wird, die auf einer phantasmagorischen Umkehrung der Aggression basiert und nicht nur als potenzielle Verteidigung, sondern als effektive Moralisierung des Mordes wirkt – ein »rassisches« Schema, in dem der Status des Migranten als Lebender, der im Wahrnehmungsfeld der Betrauerbarkeit nicht auftaucht, schon ausgelöscht ist, da sein Leben von Anfang an des Schutzes nicht wert und als Leben nicht anerkannt war.

Die Gewalt des Rechts: Benjamin, Cover, Balibar

Wir könnten nach alldem auf wirksameren und gerechteren Gesetzen für solche Fälle beharren. Die Vorstellung jedoch, dass Konflikte eher durch das Recht als durch Gewalt beigelegt werden sollten, setzt voraus, dass das Recht nicht seine eigene Gewalt ausübt und nicht die Gewalt des Verbrechens verdoppelt. Wir können nicht einfach davon ausgehen, dass Gewalt zu überwinden ist, indem wir vom außerrechtlichen gewaltsamen Konflikt zur Herrschaft des Rechts übergehen. Wie wir wissen, gibt es faschistische und rassistische Gesetze, die dem direkt widersprechen, da sie ihre eigene Rechtsordnung haben, die wir aus außerrechtlicher Sicht als »ungerecht« bezeichnen würden. Man könnte hier von einer schlechten Rechtsordnung sprechen oder sagen, dass solche Regime gar kein wirkliches Recht kennen, um dann festzusetzen, was Recht wäre. Damit ist aber die Frage nicht geklärt, ob der juristisch bindende Charakter des Rechts Zwang erfordert und durchsetzt und ob man zwischen Zwang und Gewalt unterscheiden kann. Ist eine solche Unterscheidung nicht möglich, ist der Schritt von einem außerrechtlichen Konfliktfeld zu einem rechtlich geregelten nur der Schritt von einer Form der Gewalt zu einer anderen.

Entgegen der Auffassung, dass das Recht eine bürgerliche Ordnung auf der Basis von Freiheit schafft, während der Krieg Zwangsvorschriften für das Verhalten durchsetzt, identifiziert Walter Benjamin ganz klar den Zwang im Herzen jeder Rechtsordnung als *Gewalt*, und zwar nicht nur im Straf- und Haftsystem, sondern schon in der Rechtsetzung und -durchsetzung selbst. So wird denn auch, wenig überraschend, oft angenommen, dass sein Text »Zur Kritik der Gewalt« in die Figur der göttlichen Gewalt als eines rein destruktiven Anarchismus mündet. Der Text beginnt jedoch mit Überlegungen zum herkömmlichen Naturrecht und dem positiven Recht und zeigt beider Grenzen auf. Seine Kritik beschreibt Benjamin als »geschichtsphilosophische Rechtsbetrachtung«, mit der begreiflich werden soll, wie bestimmte Rechtfertigungsformen in das Rechtsdenken und seine Macht Eingang gefunden haben. Im Mittelpunkt steht dabei, dass Gewalt in der von ihm betrachteten Rechtstradition fast durchweg als »Mittel« gilt. Der Naturrechtstheoretiker fragt, ob Gewalt einem »gerechten Zweck« dient und beruft sich auf eine schon gegebene Idee der Gerechtigkeit. Für den Positivisten ist die Rechtfertigung eines Zwecks außerhalb der Bedingungen des Rechtssystems selbst unmöglich, da wir unsere Gerechtigkeitsvorstellungen überhaupt erst dem Rechtssystem verdanken. In beiden Fällen wird in Bezug auf die Gewalt zunächst gefragt: Was rechtfertigt Gewalt oder zu welchem Zweck ist sie gerechtfertigt? Offen bleibt damit die Frage, ob wir Gewalt auch außerhalb dieser Rechtfertigungsmuster betrachten können. Da diese Muster das Objekt der Untersuchung im Vorhinein prägen, stellt sich die Frage, wie wir Gewalt außerhalb dieser Muster erfassen können. Und wenn diese Muster Rechtfertigungen für die Gewalt eines Rechtssystems und einer Rechtsherrschaft liefern, die sich von jeder (nicht gerechtfertigten) Form der Gegenwalt gegen sie unterscheidet, stellt sich die Frage, inwieweit wir diese Rechtfertigungen beiseitelassen müssen, um das ganze Bild erfassen zu können, in dem Staaten und Rechtskräfte ihre eigene Gewalt als legitimen Zwang rechtfertigen und alle Formen der Gegengewalt als nicht hinnehmbare Gewalt verurteilen.

Benjamin unterscheidet in seinem Aufsatz drei zusammenhängende Formen von Gewalt: die »rechtsetzende«, die »rechtserhaltende« und später dann die »göttliche« Gewalt. Ganz allgemein gesagt wird die rechtserhaltende Gewalt von den Gerichten und auch von der Polizei ausgeübt und ist die wiederholte und institutionalisierte Bemühung, das existierende Recht so anzuwenden, dass es seine Bindungskraft für die durch sie regierte Bevölkerung erhält. Die rechtsetzende Gewalt setzt neues Recht, zum Beispiel in Form von Gesetzen für ein neu entstehendes politisches System. Für Benjamin führen Überlegungen im Rahmen des Naturzustands niemals zu Recht; Recht entsteht vielmehr durch Vergeltung oder Machtausübung. Tatsächlich ist die Setzung von Recht ein Privileg des Militärs oder der Polizei, wo sie mithilfe von Zwangsmaßnahmen eine als widerspenstig oder bedrohlich angesehene Population unter Kontrolle halten wollen. In dieser Sicht sind die Akte der Rechtsetzung das Werk des »Schicksals«. Auf diese Weise geschaffene Gesetze sind weder durch vorhergehendes Recht noch durch Berufung auf Vernunft oder Vernunftzwecke gerechtfertigt. Die Rechtfertigung des Rechts setzt vielmehr immer schon das Recht selbst voraus. Recht bildet sich also nicht organisch im Lauf der Zeit mit der Kodifizierung bestehender Konventionen oder Normen, sondern die Instituierung des Rechts schafft erst die Bedingungen für Legitimationsverfahren und Überlegungen zur Legitimität beabsichtigten Handelns. Anders gesagt ist das Recht der implizite oder explizite Rahmen für unsere Auffassung darüber, ob Gewalt legitimes Mittel zu einem gegebenen Zweck ist oder nicht, aber auch dafür, ob wir eine gegebene Machtinstanz »gewaltsam« nennen sollen oder nicht. Die Rechtsherrschaft, einmal gegründet, regelt auch die Legitimierungsmuster und die Benennungspraxis. Sie tut dies tatsächlich durch einen Erlass, und hier liegt denn auch ein Aspekt der Gewaltsamkeit der Rechtsetzung. Die Gewalt der rechtsetzenden Gewalt liegt im bindenden Imperativ ihres Anfangs, der festlegt: »Dies soll Recht sein« oder »Dies gilt von nun an als Recht«. Die Fortdauer einer Rechtsherrschaft erfordert die immer wiederholte Bekräftigung des bindenden Charakters des Rechts, und soweit Polizei oder Militär das Recht bekräftigen, wiederholen sie nicht nur den Gründungsgestus (»Dies soll Recht sein«), sondern erhalten auch das Recht. Benjamin unterscheidet zwar rechtsetzende und rechtserhaltende Gewalt, aber die Polizei übt beide Gewaltarten aus, was bedeutet, dass das Recht nur erhalten werden kann, wo es immer und immer wieder als bindend bekräftigt wird. Das Recht und seine Bewahrung hängen damit von Militär oder Polizei ab.

Benjamin will dieses Wirken der Gewalt im Recht beschreiben und bemüht sich dazu um eine kritische Position zur Gewalt des Rechts. Viele Leser wenden sich direkt seinen Ausführungen zur »göttlichen Gewalt« am Ende des Essays zu, aber hier herrschen weit verbreitete Missverständnisse, und diese vorschnelle Wendung zum provokantesten Teil des Textes lässt oft einen Abschnitt übersehen, der die Möglichkeit der Gewaltlosigkeit eröffnet. Die einzige Stelle, an der Benjamin hier auf »Gewaltlosigkeit« zu sprechen kommt, bezieht sich auf die, wie er sagt, »gewaltlose Beilegung von Konflikten« in der »Technik ziviler Übereinkunft«. Diese Technik ist, was wichtig festzuhalten ist, kein Mittel zum Zweck. Gewaltlosigkeit ist kein Mittel zur Erreichung eines Ziels und ist auch selbst kein Ziel. Vielmehr ist sie eine Technik jenseits sowohl der instrumentellen Logik wie teleologischer Entwicklungsmuster. Sie ist eine Technik, die nicht herrscht und wohl auch nicht beherrschbar ist, fortlaufend, ergebnisoffen und damit, wie Benjamin sagt, »reines Mittel« – eine andere Formulierung für seinen Begriff der Kritik als aktive Denkhaltung oder als Verstehen ohne Beschränkung durch eine instrumentelle oder teleologische Logik. Soweit Benjamin theoretisch nach den Grenzen der Rechtfertigungsmuster im Rahmen von und zu Zwecken der Rechtsgewalt forscht, ist die Technik der Konfliktbeilegung für ihn eine Praxis außerhalb dieser Logik, die deren Gewalt entgeht und eine gewaltlose Alternative darstellt.

Gegen Hobbes' Auffassung, nach der der Vertrag ein Weg zur Lösung »natürlicher« (vorrechtlicher) gewaltsamer Konflikte ist, beharrt Benjamin in »Zur Kritik der Gewalt« darauf, »daß eine völlig gewaltlose Beilegung von Konflikten niemals auf einen Rechtsvertrag hinauslaufen kann«, da der Rechtsvertrag für ihn der Ausgangspunkt der Rechtsgewalt ist.[18] Etwas später geht er noch einen Schritt weiter und schreibt: »Darin spricht sich aus, daß es eine in dem Grade gewaltlose Sphäre menschlicher Übereinkunft gibt, daß sie der Gewalt vollständig unzugänglich ist: die eigentliche Sphäre der ›Verständigung‹, die Sprache.«[19] Wie ist dieser Begriff der Sprache zu verstehen, der zugleich synonym mit »Verständigung« und mit »Gewaltlosigkeit« ist? Und inwiefern kann er klären helfen, was Benjamin später über die göttliche Gewalt sagt, die vor allem überwältigend destruktiv zu sein scheint?

Hier scheint es einen indirekten Verweis auf den etwa zur selben Zeit (1921) verfassten Text »Die Aufgabe des Übersetzers« zu geben. Benjamin spricht in diesem Text nicht von Gewalt und Gewaltlosigkeit, sondern über die Macht der Übersetzung zur Förderung der Mitteilbarkeit und zur Überwindung von

18 Walter Benjamin, »Zur Kritik der Gewalt«, in: ders., *Gesammelte Schriften* II, Frankfurt/M. 1980, S. 190.

19 Ebd., S. 192.

Hindernissen der Mitteilbarkeit.[20] Verweist also die Übersetzung auf die Technik der Konfliktbeilegung? Zum einen strebt die Übersetzung nach Überwindung des »Nicht-Mitteilbaren«, das auf unterschiedliche natürliche oder sinnliche Sprachen zurückzuführen ist. Zudem dient die Übersetzung eines Textes von der einen in die andere Sprache der Verwirklichung des der Sprache innewohnenden Ideals der »Sprache überhaupt«, die Hindernisse und Fehlschläge der Mitteilung und des Kontakts überwindet. In seinem Aufsatz von 1916 »Über Sprache überhaupt und über die Sprache des Menschen« sagt Benjamin, der »göttliche Name« sei es, der Mitteilungsbarrieren überwinde in der »absoluten uneingeschränkten und schaffenden Unendlichkeit des Gotteswortes«.[21] In der späteren »Aufgabe des Übersetzers« ist es dann die nicht-sinnliche »Intention«, die sich als »Wort Gottes« durch alle Sprachen zieht. Das bedeutet nicht, dass sich hier eine göttliche Gegenwart zu Wort meldet oder dass Sprachen als solche übersetzbar sind. Vielmehr unterliegt die Übersetzung einem »Gesetz«, das »im Original als dessen Übersetzbarkeit beschlossen« liegt. »So ist die Übersetzung«, sagt Benjamin, »zuletzt zweckmäßig für den Ausdruck des innersten Verhältnisses der Spra-

20 Walter Benjamin, »Die Aufgabe des Übersetzers«, in: ders., *Gesammelte Schriften* IV, S. 9-21. Vgl. auch »Über das Programm der kommenden Philosophie« (1918), in: *Gesammelte Schriften* II, S. 157-171. Hier liegt die fortlaufende Entwicklung der Mitteilbarkeit der Beziehung von Religion und Philosophie zugrunde.

21 Walter Benjamin, »Über die Sprache überhaupt und über die Sprache des Menschen«, in: ders., *Gesammelte Schriften* II, S. 149.

chen zueinander.«[22] Die Übersetzung ist natürlich das nachbabylonische Dilemma, aber Benjamins Idee der Übersetzung träumt den Traum von Babel weiter. Sie verbindet die Aufgabe der Übersetzung mit der Förderung der Verständigung, wo zuvor Stillstand oder gar Konflikt herrschte. So können wir festhalten, dass das emphatisch nicht-rechtsförmige Gesetz oder die emphatisch nicht-rechtsförmigen Gesetze der Übersetzung der außerrechtlichen Sphäre der Gewaltlosigkeit entsprechen: der vor- oder außervertraglichen Technik der fortgesetzten Konfliktbeilegung.

Für Benjamin ist Übersetzung die wechselseitige Einwirkung von Sprachen aufeinander, bei der die Zielsprache einen Veränderungsprozess durchläuft. Diese wechselseitige Einwirkung in der Übersetzung verändert, intensiviert und bereichert die miteinander in Kontakt gebrachten Sprachen und erweitert die Sphäre der Mitteilbarkeit selbst durch teilweise Realisierung der nicht-stofflichen »Intention«, die allen Sprachen eigen ist. Ganz realisieren lässt sich diese Intention nie, sie selbst ist ein fortlaufender Prozess. Dieses Ideal der Erweiterung und Intensivierung der Mitteilbarkeit hat im Gewaltaufsatz in Benjamins Bemerkungen zur Sprache als »Sphäre menschlicher Übereinkunft«, die »der Gewalt vollständig unzugänglich ist«, eine wichtige Parallele.[23] Diese Technik ziviler Übereinkunft als fortlaufende Konfliktbeilegung gründet in der Sprache als solcher, die in sich die konstitutive Möglichkeit der Übersetzbarkeit birgt, nicht

22 Benjamin, »Die Aufgabe des Übersetzers«, S. 12.
23 Benjamin, »Zur Kritik der Gewalt«, S. 192.

nur zwischen Sprachen, sondern auch zwischen konfliktuellen Positionen innerhalb einer Sprache. Jede Sprache enthält eine Öffnung, die sie für eine fremde Sprache zugänglich und veränderbar macht.

Dieser Nachdruck auf Sprache und Übersetzung ist ein stark idealistisches Moment, vielleicht ein sprachidealistisches Moment, vielleicht auch ein mehrdeutiger Einsatz der religiösen Figur des göttlichen Wortes – eines Wortes übrigens, das als »göttlich« ohne jeden Bezug auf einen Gott im Hintergrund gefasst wird. Wenn es hier etwas Göttliches gibt, scheint der Begriff adjektivisch zu fungieren. Welche Beziehung besteht zwischen diesem göttlichen Wort, wie es sich im komplexen Prozess der Übersetzung entfaltet, und dem, was Benjamin in »Zur Kritik der Gewalt« als »göttliche Gewalt« bezeichnet? Lässt sich die göttliche Gewalt in Beziehung setzen zu Benjamins Überlegungen zur Technik ziviler Übereinkunft? Letztere wird ausdrücklich »gewaltlos« genannt. Wird die göttliche Gewalt vielleicht in diesen Passagen des Gewaltaufsatzes, in denen Sprache eine Sphäre der Gewaltlosigkeit ist, selbst zu Gewaltlosigkeit?

Mein Vorschlag, diese göttliche Gewalt in Beziehung zu setzen zur Technik »gewaltloser« Übereinkunft, scheint nicht sehr nahezuliegen, denn in einem unvermittelten Bruch am Ende des Gewaltaufsatzes kommt eine Gewalt anderer Ordnung ins Spiel. Was sich aber für das Verständnis des Textes als wesentlich erweisen könnte, erscheint wie beiläufig in seiner Mitte: Die erweiterte und potenziell unendliche Art der Übereinkunft, die Benjamin hier als »Beilegung von Konflikten« darstellt, könnte sehr wohl das Wiedererscheinen eines Potenzials der Sprache sein, dem er sich in seinen früheren Überlegungen zu Sprache und Übersetzung gewidmet hatte. Wenn solche Techniken der Gewaltlosigkeit die Rechtsrahmen aussetzen, die unser Verständnis von Gewalt prägen, könnte »göttliche Gewalt« ebendiese »Aussetzung« der Rechtsgewalt meinen. Es handelt sich um eine Gewalt, die der Gewalt des Rechts widerfährt und die deren tödliche Wirkung ans Licht bringt und in die Zivilgesellschaft eine alternative, fortlaufende Technik hineinbringt, die des Rechts nicht bedarf.

Indem Benjamin den Begriff der Gewalt auf verschiedene Weisen verwendet und eine gewaltlose Technik als gewaltsam bezeichnet, verweist er auf die Macht dieser Technik, den totalisierenden Rechtsrahmen zu verneinen oder auszusetzen. Zudem eröffnet er neue Bedeutungsmöglichkeiten des Gewaltbegriffs, die auch Handlungen erfassen, die sich gegen das Gewaltmonopol des Rechts wenden. So wird der »Streik« als potenziell revolutionäre Kraft in Bezug zur »göttlichen Gewalt« gesetzt, weil er – in Gestalt des Generalstreiks – den bindenden Charakter eines Rechtsregimes nicht anerkennt. Die göttliche Gewalt ist möglicherweise »destruktiv« nur, weil sie diese schuldbehafteten Bindungen zerstört, die die Loyalität guter Staatsbürger, guter Rechtssubjekte gegenüber gewaltsamen Rechtsregimen sichert. Mit der Zerstörung der Rechtsgewalt schafft die göttliche Gewalt (nun im Licht der gewaltlosen Konfliktbeilegung und der Übersetzung gedacht) die Möglichkeit eines außerrechtlichen Austauschs, der Gewalt nicht außer Acht lässt, selbst aber gewaltlos ist. Aus der einen Sicht ist dieser außerrechtliche Austausch »gewaltlos«, während er aus Sicht der Rechtsherrschaft gewaltsam ist.

Benjamins Ausführungen wurden vom Rechtsgelehrten Robert Cover aufgenommen, dem es vor allem um die der Rechtsauslegung selbst innewohnende Gewalt geht. Er argumentiert, dass »der Bezug zwischen Rechtsauslegung und Schmerzzufügung noch im routinemäßigsten Rechtshandeln wirksam ist«.[24] Am deutlichsten wird das vielleicht im Akt der Verurteilung, einem Sprechakt mit der Macht, jemanden lebenslang ins Gefängnis zu schicken oder ihm sogar das Leben zu nehmen. Denn indem der Richter das Recht auslegt – und mit dem Urteil spricht er das Resultat seiner Rechtsauslegung aus –, verhängt und begründet er eine Strafe, die Polizei und Gefängniswärter ins Spiel bringt, die den Gefangenen dann festsetzen, verletzen, hilflos machen, töten oder mit tödlichen Folgen sich selbst überlassen. Der Sprechakt ist also von diesen anderen Handlungen nicht getrennt. Von ihm geht dieser gewaltsame Prozess aus und er ist damit selbst ein gewaltsamer Akt. Cover bezeichnet die Rechtsauslegung als »Form gebundener Auslegung«, um dann eine streitbare Feststellung zu treffen: »Wenn Menschen verschwinden, wenn sie urplötzlich und ohne weitere Beachtung im Gefängnis sterben, ohne Begründung und ohne Berechtigung, dann liegt dem keine verfassungsmäßige Auslegung zugrunde, und die Tat, der Tod, entspricht nicht dem Wesenskern der Verfas-

24 Robert M. Cover, »Violence and the Word«, in: *Yale Law School Faculty Scholarship Series*, Paper 2708 (1986), <digitalcommons.law.yale.edu>, S. 1607.

sung.«[25] Aber was, wenn der Tod im Gefängnis hätte vermieden werden können und das Recht die nötigen Schritte unterlassen hat? Gibt es nicht ein verfassungsmäßiges Recht auf Unterstützung und Hilfe für diejenigen, die im Gefängnis in Todesgefahr sind? Wenn das Gefängnis, anders gesagt, Menschen nicht nur durch die Todesstrafe zu Tode bringt, sondern auch durch mehr oder weniger systematische Vernachlässigung bestimmter Leben gegenüber anderen, scheint klar, dass rechtliche Schutzpflichten, sogar verfassungsmäßige Rechte nicht beachtet wurden. Natürlich bringt das Gefängnis (langsam und schnell) Menschen zu Tode, aber es verwaltet auch Leben und erhält so Körper in einer Art und Weise, die deren Leben entwertet. Auch hier sind die Lebenden durch den Verlust von Betrauerbarkeit gekennzeichnet und dieser Verlust ist sicher Teil ungerechter und ungleicher Behandlung. Wir könnten einwenden: Ganz gewiss gibt es doch grundlegende Rechtsansprüche auf Leben, rechtliche Vorkehrungen gegen den Tod durch Vernachlässigung im Gefängnis oder an den Grenzen oder auf See, also Rechtsansprüche auf Unterstützung und Ressourcen zum Erhalt des eigenen Lebens?

Für Cover üben Richter in der Rechtsauslegung Gewalt aus, auch in ihren Sprechakten. Sosehr sie auch glauben, geschäftsmäßig in Distanz zur düsteren Realität der Gefängnisse zu handeln, gehören sie nach Covers Auffassung doch zum selben gewaltsamen System. Diese Gewalt, sagt er, muss in gerechtfertigter Weise akzeptiert und organisiert werden. Um diese

25 Ebd., S. 1624.

Gewalt »in sicherem Rahmen und wirksam ausüben zu können«, so heißt es weiter, »muss die Verantwortung für die Gewalt geteilt werden« und müssen »viele Akteure« einbezogen werden. Cover unterscheidet also im Grundsatz zwischen gerechten und ungerechten Rechtsregimen. Gewalt darf aus dieser Sicht nicht willkürlich sein und sie darf nicht von einem einzelnen Akteur ausgehen.

Cover interessiert, wie wir über das Verhalten von Richtern denken, aber seine Ausführungen betreffen auch unsere Überlegungen zur allgegenwärtigen Gewalt im Rechtssystem. Wir verlassen nicht eine rechtlose Welt der Gewalt, um in eine Rechtswelt ohne Gewalt einzutreten. Die Gewalt des Rechts ist da, nicht nur in der Urteilspraxis in ihrer Verknüpfung mit der Straf- und Haftpraxis, sondern auch im bindenden Charakter des Rechts. Das Recht gebietet und verbietet und droht mit der Rechtsgewalt: Folgen wir den Gesetzen nicht, werden sie unserer habhaft werden. Cover trifft keine schlichte Unterscheidung zwischen Zwang und Gewalt, wobei der Zwang legitim, die Gewalt nicht zu rechtfertigen wäre. Nach seiner Auffassung gibt es vielmehr nur bessere und schlechtere Formen der Rechtsgewalt.

Cover verhehlt nicht die Gewalt im Recht und akzeptiert, dass es ohne sie nicht geht; auch wenn wir zwischen besseren und schlechteren Formen dieser Gewalt unterscheiden müssen, bleibt das Leben im Rahmen des Rechts für ihn verbindlich. Für Benjamin liegt das Problem auf einer tieferen Ebene. Man kann nichts als Gewalt oder Gewaltlosigkeit bezeichnen, ohne schon den Rahmen in Anspruch zu nehmen, in dem diese Bezeichnungen erst Sinn haben. Das mag relativistisch scheinen – was du Gewalt nennst, nenne ich nicht so etc. –, ist aber etwas ganz anderes. Nach Benjamin fasst die Rechtsgewalt ihren eigenen gewaltsamen Charakter regelmäßig als begründbaren Zwang oder legitime Kraft und reinigt damit die fragliche Gewalt.

Benjamin hält die Wandlungen von Begriffen wie »Gewalt« und »Gewaltlosigkeit« fest, sobald wir verstehen, dass der Rahmen, der solche Definitionen ermöglicht, nicht feststeht. Er verweist darauf, dass ein nach der Monopolisierung der Gewalt strebendes Rechtsregime jede Bedrohung oder Herausforderung dieses Regimes als »Gewalt« bezeichnen muss. Daher kann es seine eigene Gewalt als erforderlichen, ja begründbaren Zwang darstellen, der, da er durch das Recht, als Recht ausgeübt wird, rechtmäßig und damit gerechtfertigt ist.

Hier wird auch deutlich, wie das, was in Benjamins Sicht »Kritik« ist, die die Produktion und Selbstbestätigung von Rechtfertigungsmustern hinterfragt, leicht »Gewalt« genannt werden kann vonseiten einer Macht, die die Kritik an diesen Mustern zu unterdrücken sucht. Nach Benjamin wird jede Untersuchung, jede Feststellung, jede Handlung, die den Rechtsrahmen dieser Begründungsmuster infrage stellt, ihrerseits als »gewaltsam« bezeichnet werden, und der Widerstand gegen solche fundamentalen Zweifel wird als rechtmäßige Verteidigung gegen eine Bedrohung der Rechtsordnung gelten. Benjamin ermöglicht uns einerseits die Entlarvung der unberechtigten Behauptung, nach der eine kritische Haltung gegenüber einem

Rechtsregime per definitionem gewaltsam ist, selbst wenn sie sich gewaltloser Mittel bedient. Andererseits akzeptiert diese kritische Position die Legitimationsmuster bestimmter Rechtsrahmen nicht und scheint vor allem darauf abzuzielen, bestimmten Rechtsregimen die Begründungsbasis abzusprechen.

Wir müssen vielleicht gar nicht die Funktionsweisen göttlicher Gewalt enthüllen, um die Umkehrdynamik des revolutionären Bruchs mit der Rechtsgewalt zu erfassen. Étienne Balibar stellt in seinem Buch *Der Schauplatz des Anderen* einen ausgezeichneten Rahmen bereit, der uns die hier infrage stehende Doppelgesichtigkeit der Gewalt verstehen hilft.[26] Das »Oszillieren« der Rahmenbedingungen beschreibt Balibar als fortlaufenden Prozess der Überführung von Gewalt in Gewalt. Balibar vertritt keine Politik der Gewaltlosigkeit, sondern vielmehr eine der *Anti-Gewalt*. Ihm zufolge ist Hobbes' Beschreibung der Gewaltsamkeit des Naturzustandes die Beschreibung einer Form sozialer Gewalt unter Menschen. Deren Gleichheit im Naturzustand ist für Hobbes nicht frei von Gewalt und wird zum Krieg aller gegen alle. Die Inanspruchnahme einer Hoheitsgewalt soll diesen kriegerischen Beziehungen ein Ende machen, aber sie verwirklicht diesen Zweck nur mit der Schaffung der Nation als neuer Gemeinschaftsform. Der Nationalstaat setzt seine souveräne Gewalt gegen die »primitive« Gewalt der vorstaatlichen Gemeinschaft (als Gemeinschaft von Menschen im Naturzustand). Die eine Gewalt wird so von der

26 Étienne Balibar, *Der Schauplatz des Anderen. Formen der Gewalt und Grenzen der Zivilität*, Hamburg 2006.

anderen in Schach gehalten und es scheint keinen Ausweg aus diesem Kreislauf oder aus einem politischen Rhythmus zu geben, in dem die Staatsgewalt eine andere Gewalt unterdrückt, die, je nach Perspektive, als »soziale« oder »kriminelle« Gewalt gilt. An einem bestimmten Punkt muss dann die Staatsgewalt ihrerseits durch Volksaufstände in die Schranken gewiesen werden, die je nach dem zugrunde gelegten Rahmen legitim oder aber Verbrechen gegen den Staat sind. Balibar schreibt: »Wir können sicher sein, dass Hobbes selbst niemals bewusst eine ambivalente Deutung der Unterdrückung von Gewalt durch eine Staatsmacht vertreten hätte«, da diese souveräne Macht eben in der »rationalen Anwendung von Naturrechtsprinzipien« besteht.[27] Balibar betont jedoch, dass »eben diese Theorie die Zwangsform des Rechts und den Staat mit der Tatsache verknüpft, dass ›natürliche‹ (und in diesem Sinn unbegrenzte) Gewalt hinter jedem Widerspruch lauert, der sich aus der Zivilgesellschaft regen mag«.[28] Später verweist er darauf, dass der Staat für Hegel »die *Verwandlung* der Gewalt bewirkt und seinen inneren Zweck durch die Verwirklichung dieses Wandels in der Geschichte erreicht«.[29] Und weiter führt er aus: »Gewalt verwandelt sich durch die so bewirkte Transformation ihrerseits in eine andere Gewalt; sie wird zu Macht und Autorität.«[30] Hannah Arendt, die streng zwischen Macht und Gewalt unterscheidet, würde dem sicher widersprechen, aber unklar

27 Ebd., S. 31.
28 Ebd., S. 32.
29 Ebd., S. 33.
30 Ebd., S. 34.

ist, ob sie eine zureichende Lösung für das Problem der Rechtsgewalt hätte, sei es in der Benjamin'schen oder in der Hobbes'schen Form.[31]

Eine verlockende Folgerung aus Balibars Analyse ist, dass Gewalt immer doppelt in Erscheinung tritt, auch wenn im Einzelfall unklar bleibt, ob man hier von Gewalt oder von Zwang sprechen sollte. Diese Verwandlung oder, wie ich sagte, »Oszillation« gehört zur inneren Logik der Gewalt, wo sie durch eine Macht und Machtinstitutionen ausgeübt wird und die Einhegung oder Ausschaltung »natürlicher« oder außerrechtlicher Gewalt anstrebt. Daher muss man immer auch die Bezeichnung und den Gebrauch der Gewalt im Blick haben, denn deren Form ist dynamisch, wenn nicht dialektisch: Eine Form wandelt sich in eine andere, und die Bezeichnungen verändern sich dabei und kehren sich um. Daraus ergibt sich, dass wir nicht einfach mit einer Definition von Gewalt beginnen und dann darüber diskutieren können, unter welchen Bedingungen Gewalt gerechtfertigt oder nicht gerechtfertigt ist. Zunächst einmal müssen wir die Frage beantworten, in welchem gesetzten Rahmen überhaupt von Gewalt gesprochen wird, was dabei ausgeblendet wird und zu welchem Zweck. Wir müssen also nachvollziehen, auf welchen Wegen Gewalt den Widerstand gegen sie selbst als gewaltsam zu kennzeichnen sucht und wie sich der gewaltsame Charakter eines Rechtsregimes enthüllt, wo es mit Zwangsmaßnahmen Dissens unterdrückt, Arbeiter bestraft, die sich ausbeuterischen Verträgen nicht unterwerfen wollen, Minderheiten ins

31 Hannah Arendt, *Macht und Gewalt*, München 1970.

Visier nimmt, ihre Kritiker ins Gefängnis steckt und potenzielle Rivalen ausweist.

Ich folge Benjamin nicht in allen seinen anarchistischen Schlussfolgerungen, schließe mich aber seiner Auffassung an, dass wir nicht einfach von einer Gewaltdefinition ausgehen und im Anschluss unsere moralischen Begründungsdebatten führen können, ohne zuvor kritisch geprüft zu haben, wie Gewalt eingegrenzt wurde und um welche Gewalt es in der jeweiligen Debatte überhaupt geht. Kritisch müsste zunächst nach dem einer solchen Debatte zugrunde liegenden Rechtfertigungsschema samt seinen historischen Ursprüngen, Voraussetzungen und Ausschlüssen gefragt werden. Wir können nicht zuerst festlegen, welche Art von Gewalt gerechtfertigt ist und welche nicht, weil »Gewalt« von vornherein innerhalb bestimmter Rahmensetzungen definiert und durch sie immer schon interpretiert und »bearbeitet« ist. Wir können kaum für oder gegen etwas sein, dessen Definition uns gar nicht klar ist oder das in widersprüchlichen Formen erscheint, für die wir keine Erklärung haben. Die Geschichtlichkeit solcher Bearbeitungen gerinnt in den diskursiven Rahmen, in denen »Gewalt« erscheint und in denen die Rechtsgewalt – und auch institutionelle Formen der Gewalt – in der Regel verschleiert werden. Verweigert man die Antwort auf die Frage, welche Arten von Gewalt gerechtfertigt sind und welche nicht, weil man eher auf die begrenzten Rechtfertigungsmuster dieser Frage hinweisen will, riskiert man Unverständlichkeit und/oder man riskiert, als Gefahr, ja als Bedrohung gesehen zu werden. Die radikale kritische Prüfung der Legitimationsgrundlagen einer

Rechtsordnung kann also einerseits als »Gewaltakt« bezeichnet werden, aber diese Anschuldigung dient andererseits der Unterdrückung kritischen Denkens und dient letztlich nur der Legitimierung der bestehenden Rechtsordnung.

Soll »Gewalt« hier Bemühungen um die Untergrabung und Zerstörung vorherrschender Institutionen der Rechtsgewalt bezeichnen? Wenn ja, dann sind damit weniger bestimmte Handlungen benannt als Wertungen dieser Handlungen durchgesetzt, und dann spielt es keine große Rolle mehr, ob »Gewalt« eine gute Beschreibung für die fraglichen Untersuchungen, Handlungen oder Unterlassungen ist. Tatsächlich geht die Wertung der Beschreibung schon voraus und prägt sie (was nicht bedeutet, dass es keinen Referenten für den Begriff gibt, sondern nur, dass die referentielle Funktion schon von einem referentiellen Rahmen abhängt). Was als »Gewalt« bezeichnet wird, erscheint aus einer bestimmten Perspektive, die in einen definierenden Rahmen eingebettet ist, aber derartige Rahmensetzungen definieren sich immer in Bezug auf andere Rahmensetzungen und lassen sich mit Blick auf Unterdrückungs- und Widerstandsstrategien analysieren. Die fragliche Gewalt ist nicht nur physischer Art, obgleich das oft der Fall ist. Auch physische Gewalt ist Teil umfassenderer Strukturen »rassischer«, geschlechtsspezifischer und sexueller Gewalt, und wenn wir den Blick auf den physischen Schlag verengen und die weiterreichende Struktur nicht beachten, werden wir möglicherweise anderen Formen der Gewalt nicht gerecht, sprachlicher, emotionaler, institutioneller und ökonomischer Gewalt, jenen Gewaltformen, die das

Leben untergraben und es Verletzungen oder dem Tod aussetzen, ohne direkte physische Schläge zu sein. Abstrahieren wir aber gleich vom physischen Schlag, verstehen wir den körperlichen Charakter der Bedrohung, des Leids, der Verletzung nicht mehr. Strukturelle Formen der Gewalt fordern ihren Tribut vom Körper, zermürben ihn, untergraben seine physische Existenz. Wo Bewässerungsanlagen zerstört werden oder Populationen Krankheiten preisgegeben werden, ist das doch wohl als Gewaltausübung zu verstehen? Was ist mit Würgegriffen und gewaltsamen Festnahmen? Isolationshaft? Institutioneller Gewalt? Folter?[32] Der körperliche Schlag allein beschreibt nicht das ganze Spektrum der Gewalt – keine einzelne ihrer Instanzen kann das. Wir könnten Typologien der Gewalt entwerfen, was auch getan wurde, aber die Grenzen zwischen den unterschiedlichen Formen der Gewalt verschwimmen immer wieder. Im Akt selbst finden sich verschiedene Arten der Gewalt; nicht zuletzt deshalb ist eine Phänomenologie ihrer Funktionsweisen als »Angriff auf die Struktur des Seins« so wichtig für die Kritik der institutionellen und strukturellen Gewalt insbesondere in den Gefängnissen.[33]

Das heißt nicht, dass man sich Gewalt einfach weg-

32 Vgl. John Yoos Memos zur Folter als rechtmäßiger und gerechtfertigter Gewalt. John Yoo und William J. Haynes II, »Re: Military Interrogation of Alien Unlawful Combatants Held Outside the United States«, 14. März 2003, US Department of Justice Office of Legal Counsel, <aclu.org/files/pdfs/safefree/yoo_army_torture_memo.pdf>.

33 Lisa Guenther, *Solitary Confinement: Social Death and Its Afterlives*, Minneapolis, MN, 2013.

wünschen kann oder dass die Gewaltfrage eine Sache der subjektiven Auffassung ist. Ganz im Gegenteil: Gewalt unterliegt dauernd veränderten Rahmen, die sich um Fragen der Begründung und Legitimität drehen. Man kann das etwa in Talal Asads wichtiger anthropologischer Analyse von Tötungsakten sehen:[34] Manche dieser Akte werden gerechtfertigt, ja verherrlicht, andere kritisiert und verdammt. Je nach Staat ist von staatlichen Organen ausgehende Gewalt legitim, außerstaatliche Gewalt illegitim. Mit Unterstützung bestimmter Staatsformen gelten Tötungsakte sogar als Akte im Namen der Gerechtigkeit und Demokratie, während sie in ihren außerstaatlichen Formen als kriminell oder terroristisch gelten. Die Methoden können sehr ähnlich oder sehr unterschiedlich sein, und die Zerstörungskraft kann gleich intensiv oder gleich furchtbar in ihren Folgen sein. Und doch führt die Tatsache, dass Leben in allen diesen Rahmen in brutaler Weise ausgelöscht wird, keineswegs immer zu der Einsicht, dass diese Tötungsakte einander ähnlicher sind, als uns glauben gemacht wird.

Es geht hier nicht um allgemeinen Relativismus, sondern vielmehr um die Offenlegung der oszillierenden Rahmensetzungen der Benennungspraxis. Erst dann können wir wirklich verstehen, was Gewaltlosigkeit ist und was sie impliziert, und zwar entgegen (a) der Verschiebung und Externalisierung der Gewalt in gewaltlose Aktionen oder (b) der Erweiterung des Gewaltbegriffs auch auf Kritik, abweichende Auffassungen und die Nichtbefolgung von Vorschrif-

34 Talal Asad, *On Suicide Bombing*, New York 2007.

ten. Wir sollten erst gar nicht darum ringen müssen, den Begriff der Gewaltlosigkeit für etablierte gewaltlose Widerstandsformen zu sichern: Widerstand gegen rechtliche oder wirtschaftliche Ausbeutung oder politische Einschränkungen, unter anderem in Form von Streiks, Hungerstreiks in Gefängnissen, Arbeitsniederlegung, gewaltloser Besetzung von Regierungsgebäuden und Behörden oder von Plätzen oder von Orten, deren privater und öffentlicher Status bestritten wird, Boykotten, unter anderem Verbraucherboykotten und kulturellen Boykotten, Sanktionen, aber auch als öffentliche Versammlungen, Petitionen und sonstige Weigerungen, illegitime Machtbefugnisse anzuerkennen. Gemeinsam ist diesen Handlungen bzw. Nichthandlungen in der Regel, dass sie die Legitimität einer bestimmten Politik oder bestimmter Maßnahmen oder sogar – wie im Fall des Generalstreiks oder des Widerstands gegen Kolonialismus – die Legitimität einer bestimmten Herrschaftsform selbst infrage stellen. Dennoch können sie sämtlich, indem sie Änderungen in Polizei, Staat oder Regierung fordern, als »destruktiv« bezeichnet werden. Da sie auf substanzielle Änderungen des Status quo abzielen und die Frage der Legitimität aufwerfen – die ultimative Ausübung kritischen Denkens –, wird die Infragestellung der Legitimität selbst als gewaltsamer Akt betrachtet. Wo gewaltlose Widerstandsformen gegen die Rechtsgewalt als »Gewalt« bezeichnet werden, ist es umso wichtiger, diese Bezeichnungspraxis kritisch mit Blick auf die entsprechenden politischen Rahmensetzungen und ihre Selbstrechtfertigungsmuster zu sehen. Für mich ist das nicht nur eine Aufgabe der heutigen kritischen Theorie, sondern jeder selbstreflexiven Ethik und Politik der Gewaltlosigkeit.

Ich nehme zwar Benjamins Forderung ernst, zunächst über die Entstehung solcher Rechtfertigungsmuster nachzudenken, bevor wir uns ihrer einfach bedienen, denke aber, dass wir uns auch auf bestimmte Rahmensetzungen festlegen müssen. Sowenig wir entscheiden können, ob Gewalt gerechtfertigt ist oder nicht, ohne zu wissen, was als Gewalt gilt, so wenig können wir auf die Unterscheidung zwischen Gewalt und Gewaltlosigkeit verzichten. Anders gesagt kann Kritik Festlegungen und Urteile nicht ausschließen. Benjamin hinterfragt, ob eine gegebene Handlung als gewaltsam oder gewaltlos angesehen werden sollte. Der Rahmen, in dem diese Frage gestellt wird, bestimmt weitgehend die Antwort. Die vom Recht hervorgebrachten Rechtfertigungsmuster tendieren zur Bekräftigung ihrer eigenen Legitimität in ebender Sprache, in der die Frage zugleich gestellt und beantwortet wird.

Fügen wir hier noch folgenden Punkt hinzu: Strukturen der Ungleichheit berühren die generelle Bereitschaft, Gewalt wahrzunehmen und beim Namen zu nennen und ihre fehlende Begründbarkeit zu erfassen und zu benennen. Denn eine gewaltfreie Bewegung kann, wenn sie Macht gewinnt, zu einer Autorität werden, die ihrerseits Rechtsgewalt ausübt, und eine gewaltsame Herrschaftsinstanz kann, wenn sie sich auflöst, einen Rechtsrahmen aufgeben. Aus Sicht der Macht, die durch Gesetze gestützt ist, die Gewalt in Form von Zwangsmaßnahmen monopolisieren, können diejenigen, die die Auflösung dieses Rechtsregimes anstreben, immer als Feinde der Nation, Schurken, gewaltbereite Gegner, inländische Feinde, ja als Bedrohung für das Leben selbst hingestellt werden. Diese letztgenannte Anschuldigung greift aber nur, wo das Recht sich selbst koextensiv mit dem Leben gesetzt hat. Nach Benjamins Auffassung ist es das aber nie.

Relationalität im Leben

Ich weiß, dass diese Argumentation viele Fragen offen lässt, unter ihnen die wichtige Frage, ob wir uns hier nur auf menschliches Leben beziehen, auf das Leben von Zellgewebe und Embryonen oder auf alle lebenden Arten und Lebensprozesse und damit auch auf die ökologischen Bedingungen des Lebens. Es ginge darum, noch einmal über die Relationalität des Lebens nachzudenken, die in der Regel durch Typologien verdeckt wird, die zwischen Lebensformen unterscheiden. In eine solche Relationalität würde ich Konzepte der Interdependenz einschließen, und zwar nicht nur zwischen lebendigen menschlichen Geschöpfen, denn Menschen, die für ihr Leben Boden und Wasser brauchen, leben zugleich in einer Welt, in der sich die Lebensansprüche anderer Geschöpfe deutlich mit denen des Menschen überschneiden und in der nichtmenschliche und menschliche Wesen auch wechselseitig zur Erhaltung ihres Lebens aufeinander angewiesen sind.[35] Diese sich überschneidenden Lebenszonen müs-

35 Donna Haraway, *Das Manifest für Gefährten: Wenn Spezies sich begegnen*, Berlin 2016.

sen sowohl als relational wie als prozessual gedacht werden, aber jede von ihnen muss auch auf die zum Lebenserhalt erforderlichen Bedingungen hin betrachtet werden.

Gewaltlosigkeit muss nach meiner Auffassung unter anderem deshalb mit einer Verpflichtung auf radikale Gleichheit verknüpft werden, weil Gewalt soziale Ungleichheit vertieft. Diese Ungleichheiten gehen auf biopolitischen Rassismus und Kriegslogik zurück, die beide regelmäßig zwischen betrauerbaren und nicht betrauerbaren, wertvollen und entbehrlichen Leben unterscheiden. Die biopolitische Gewalt folgt zwar nicht ganz der Kriegslogik, nimmt aber deren phantasmatische Schauplätze in ihre eigene Rationalität auf: Wenn Europa oder die Vereinigten Staaten (oder Australien) Migranten über ihre Grenzen lassen, droht ihnen durch diese Gastfreundschaft die eigene Zerstörung. Die neuen Einwanderer figurieren so als zerstörerische Kraft für ihre Gastgeber. Diese Phantasievorstellung wird dann zur Basis von Gewalt gegen Migrantenpopulationen, die selbst Zerstörung und Zerstörungsdrohungen verkörpern und deshalb vernichtet werden müssen. Im Handeln nach dieser Logik enthüllt sich jedoch, dass die Gewalt, um die es hier geht, die Gewalt gegen Migranten ist. Nach dieser Kriegslogik kommt es zu einer von Panik geprägten Pattsituation: Der Staat wird dargestellt, als sei er von Gewalt und Zerstörung bedroht und müsse sich deshalb gegen Migranten zur Wehr setzen. Dennoch ist die Gewalt Staatsgewalt, genährt von Rassismus und Paranoia, und gegen die Migranten gerichtet. Das begangene Unrecht ist die zugefügte Gewalt, aber als weiteres Unrecht wird zugleich die soziale Ungleichheit als Vertiefung der Differenz zwischen dem unterschiedlichen Wert und der unterschiedlichen Betrauerbarkeit verschiedener Leben vergrößert. Auch aus dieser Sicht muss die Kritik der Gewalt zugleich eine radikale Kritik der Ungleichheit sein. Darüber hinaus schließt der Widerstand gegen Ungleichheit die kritische Offenlegung der »rassischen« Phantasmagorie ein, in der die einen als Gewalt und unmittelbare Gewaltdrohung und die anderen als berechtigt zur Selbstverteidigung und zum Schutz ihres Lebens vorgestellt werden. Dieses Machtdifferenzial und seine phantasmagorische Form machen sich auch im Begriffsapparat bemerkbar, mit dem im öffentlichen Leben über Fragen von Gewalt und Gewaltlosigkeit debattiert und entschieden wird.

Die Kritik der Gewalt ist nicht identisch mit einer Praxis der Gewaltlosigkeit, aber keine solche Praxis kommt ohne diese Kritik aus. Die Praxis der Gewaltlosigkeit muss sich allen diesen phantasmagorischen und politischen Herausforderungen stellen, und das kann zum Verzweifeln sein. Fanon wird inzwischen für vielerlei in Anspruch genommen, auch zur Rechtfertigung von Gewalt und für den Widerstand gegen sie. Von Bedeutung ist er hier vor allem, weil der in *Schwarze Haut, weiße Masken* so zentrale Körper in seinem Essay »Von der Gewalt« auf eine Weise erscheint, die zum besseren Verständnis der Gleichheit wichtig ist. Natürlich gibt es bei Fanon die Phantasievorstellung übermenschlicher Muskulosität, eine Vorstellung vom Körper als stark genug zur Überwindung der Festung kolonialer Macht, eine von vielen kritisierte Phantasievorstellung der Hypermaskulinität. Aber es gibt auch eine andere Seite, die Einsichten in eine Gleichheit enthält, die aus den Gegebenheiten körperlicher Nähe entsteht:

> Der Kolonisierte entdeckt also, daß sein Leben, sein Atmen, seine Herzschläge die gleichen sind wie die des Kolonialherrn. Er entdeckt, daß die Haut eines Kolonialherrn nicht mehr wert ist als die Haut eines Eingeborenen. Diese Entdeckung teilt der Welt einen entscheidenden Stoß mit. Jede neue und revolutionäre Sicherheit des Kolonisierten rührt daher. Wenn nämlich mein Leben das gleiche Gewicht hat wie das des Kolonialherrn, dann schmettert mich sein Blick nicht mehr nieder, läßt mich nicht mehr erstarren, seine Stimme versteinert mich nicht mehr.[36]

Das ist ein Moment, in dem das »rassische« Phantasma aufbricht und die Bekräftigung der Gleichheit die Welt erschüttert und ein weltbildendes Potenzial eröffnet.

Wir haben ganz allgemein nachzuvollziehen versucht, in welcher Weise Rechtsregime denjenigen Gewalt unterstellen, die ihren strukturellen Rassismus offenlegen und überwinden wollen. Es ist schockierend, wenn Gleichheitsforderungen oder Forderungen nach politischer Selbstbestimmung oder der Anspruch auf ein Leben ohne Bedrohung durch Sicherheitsorgane und Zensur als »Gewaltakte« bezeichnet werden.

Wie sind solche Zuschreibungen und Projektionen aufzudecken, zu kritisieren und zu überwinden?

36 Frantz Fanon, »Von der Gewalt«, in: ders., *Die Verdammten dieser Erde*, Frankfurt/M. 1966, S. 35.

Betrachten wir dazu die durch Phantasievorstellungen angeregten begrifflichen Umkehrungen, die die Ausweitung staatlicher Gewalt fördern. In der Türkei werden die Unterzeichner einer Friedenspetition des Terrorismus beschuldigt. Und in Palästina werden diejenigen, die nach einer politischen Herrschaftsform mit Gleichheit und Selbstbestimmung suchen, in vielen Fällen gewalttätiger Destruktivität bezichtigt. Anschuldigungen dieser Art sollen die Vertreter von Gewaltlosigkeit lähmen und behindern, indem das Eintreten gegen den Krieg als Position *innerhalb* eines Krieges dargestellt wird.

In diesen Fällen gilt die Kritik des Krieges als Vorwand, Aggression, verschleierte Feindseligkeit. Kritik, Dissens und ziviler Ungehorsam werden als Angriffe auf die Nation, den Staat, ja die Menschheit selbst dargestellt. Diese Beschuldigung wird im Rahmen eines vorgeblichen Krieges erhoben und lässt keine Position außerhalb dieses Rahmens zu. Anders gesagt gelten hier alle Positionen, so offensichtlich gewaltlos sie auch sein mögen, als Gewaltanwendung. Auch wenn ich hier von »offensichtlicher« Gewaltlosigkeit spreche, ist klar, dass sich nur bestimmte Praktiken in einer Episteme der paranoiden und verkehrten Logik als gewaltlos manifestieren können. Wenn die Kritik des Krieges selbst oder die Forderung nach dem Ende sozialer und wirtschaftlicher Ungleichheit als Arten der Kriegführung betrachtet werden, liegen Verzweiflung und die Schlussfolgerung nahe, dass sich jedes Wort verdrehen und jeder Sinn unterlaufen lässt. Ich glaube aber nicht, dass das die notwendige Schlussfolgerung ist.

Angesichts des drohenden Nihilismus ist kritische Geduld erforderlich, um die Phantasmagorien freizulegen, nach denen »angreift«, wer das gar nicht tut oder im Gegenteil selbst angegriffen wird. Diese Umkehrungen werden möglich durch eine Auffassung, eine Politik, die dafürhält, dass die Einwanderung von Menschen aus dem Nahen Osten oder Nordafrika Europa und die Menschheit zerstört und dass diese Menschen deshalb abgewiesen und sich selbst, wenn nötig auch dem Tod überlassen werden sollten. Diese mörderische Logik herrscht heute unter Reaktionären und Faschisten. Ein Phantasma ist an die Stelle derer getreten, die sich äußern oder handeln, ein Phantasma, das die Aggression all derer verkörpert, die die potenzielle Gewalt anderer fürchten und die sich in diesen nach außen projizierten Gestalten mit einer durch sie selbst externalisierten Destruktivität konfrontiert sehen. Das ist das tödliche Resultat einer vollständig externalisierten Destruktivität. Diese Form der defensiven Aggression ist weit von der Einsicht entfernt, dass sich das eine Leben letztlich vom anderen nicht trennen lässt, ganz gleich, wie viele Mauern zwischen beiden errichtet werden. Selbst Mauern binden aneinander, was sie trennen, in der Regel in einer desolaten Form des sozialen Bandes.

Aus dieser Perspektive können wir Gleichheit und Zusammenleben auf neuer Grundlage noch einmal überdenken, ausgehend von der Annahme, dass alle Leben gleich betrauerbar sind. So können wir zu verstehen suchen, welche Rolle diese Annahme in Fragen des Lebens sowohl wie des Todes spielt, denn das potenziell betrauerbare Leben ist das Leben, das eine

Zukunft verdient, eine Zukunft, die sich nicht vorhersagen und nicht im Vorhinein festlegen lässt. Die Zukunft eines Lebens sichern bedeutet nicht, ihm seine künftige Form, seinen künftigen Weg vorzuschreiben, sondern vielmehr, die kontingenten und unvorhersehbaren Formen offenzuhalten, die es vielleicht annimmt. Diesen Schutz als Unterstützungspflicht zu begreifen ist etwas ganz anderes als Selbsterhaltung oder die Erhaltung der eigenen Gemeinschaft auf Kosten anderer, deren Anderssein immer wieder als Bedrohung dargestellt wird. Wo beispielsweise Migranten hingestellt werden, als seien sie auf Zerstörung aus, wo sie als Träger von Zerstörung angesehen werden, die die »rassische« oder nationale Identität verunreinigen, werden alle Handlungen, die sie aufhalten, unbegrenzt festhalten, ins Meer zurücktreiben, wird das Ignorieren ihrer SOS-Notrufe, wenn ihre Boote auseinanderfallen und sie in Todesgefahr sind, mit Zorn und Rachsucht als »Selbstverteidigung« einer eingesessenen Gemeinschaft gerechtfertigt, für die stillschweigend oder ganz offen »rassischer« Vorrang beansprucht wird. Solche Formen moralisch verbrämter Destruktivität entstehen aus einem toxischen und überdehnten Begriff von Selbstverteidigung, deren Umbenennungspraxis ihr zur Rechtfertigung der eigenen Gewalt dient. Diese Gewalt wird dann mithilfe ebendieser »rassischen« Moralisierung, die die »Rasse« und zugleich den Rassismus verteidigt, übertragen, ummantelt und gerechtfertigt.

Vielleicht beschreiben wir hier psychische Mechanismen, die sich in der ganzen menschlichen Welt finden, und vielleicht ist unsere Opposition gegen die Gewalt nur ein vergeblicher Versuch, etwas am destruktiven Potenzial der menschlichen Psyche oder ihrer konstitutiven Bezüge zu ändern. Gegen die politische Kritik der Gewalt wird manchmal argumentiert, dass sich die menschliche Destruktivität nie vollständig überwinden lässt, dass sie menschlichen Gemeinschaften als Trieb, Zwang oder Potenzial eigen ist, die die sozialen Bindungen, wie wir sie kennen, zugleich stärken und durchbrechen. Hobbes war sicherlich dieser Auffassung, und Balibar hat hier entscheidende neue Überlegungen ins Spiel gebracht. Die Frage, ob Destruktivität ein Trieb oder ein Merkmal sozialer Beziehungen ist, ist offen. Und selbst wenn wir eine allgemeine Möglichkeit oder Neigung zu Destruktivität zugestehen – wird dadurch die politische Kritik der Gewalt geschwächt oder gestärkt? Um hier zu mehr Klarheit zu kommen, müssen wir fragen: Was impliziert Destruktivität für die Gesellschaftstheorie und die politische Philosophie? Ist sie ein Nebenprodukt der Interdependenz oder gehört sie zur Polarität von Liebe und Hass als Merkmal menschlicher Beziehungen, ist sie eine der Bedrohungen menschlicher Gemeinschaften oder sorgt sie für deren Zusammenhalt?

Die Betrachtung menschlicher Bindungen als verkörperter Formen der Interdependenz bietet uns einen Rahmen zum Verständnis einer sozialen Gleichheit, die nicht auf der Reproduktion von Individualismus basiert. Das Individuum wird vom Kollektiv nicht verdrängt, sondern wird durch unumgängliche und ambivalente soziale Bindungen geformt und zugleich belastet. Der Verweis auf die Gleichheit der Betrauerbarkeit in diesem Kontext soll nicht zu einer auf Individuen anzuwendenden Metrik der Betrauerbarkeit führen, sondern die Frage nach den »rassischen« Phantasmen aufwerfen, die im öffentlichen Diskurs darüber mitbestimmen, welche Art Leben eine offene Zukunft verdient und wessen Leben betrauerbar ist.

Die Demontage dieser phantasmatischen Sphäre, in der Leben unterschiedlich gewertet werden, setzt eine Bejahung des Lebens voraus, und zwar eine andere Bejahung als die der »Pro Leben«-Position. Tatsächlich sollte die Linke den Diskurs über das Leben denn auch nicht den Reaktionären überlassen. Sich für Gleichheit einzusetzen heißt, für ein Zusammenleben einzutreten, das in Teilen durch eine Interdependenz geprägt ist, die über die individuellen Grenzen des Körpers hinausreicht oder die sozialen und politischen Potenziale dieser Grenzen nutzt.

Ein solches Eintreten für das Leben betrifft nicht nur mein Leben, obwohl es mein eigenes Leben gewiss einschließt, und zwar nicht im bloßen Selbsterhalt auf Kosten anderer Leben, nicht befestigt mithilfe von Figuren der Aggression, die das destruktive Potenzial jeder sozialen Bindung so nach außen projizieren, dass das soziale Band selbst damit zerreißt. Selbst wenn keiner von uns frei von der Fähigkeit zur Zerstörung ist oder eben weil keiner von uns davon frei ist, läuft diese ethische und politische Reflexion auf die Bemühung um Gewaltlosigkeit hinaus. Gerade weil wir zerstören können, ist es unsere Pflicht zu wissen, warum wir nicht zerstören sollen, und ist es unsere Pflicht, die Gegenkräfte zu sammeln, die unsere Destruktivität in Schach halten können. Gewaltlosigkeit wird zu einer bindenden ethischen Pflicht, eben weil wir aneinander gebunden sind. Wir mögen gegen diese

Pflicht aufbegehren, sie mag ambivalente Schwankungen der Psyche selbst zutage fördern, aber die Pflicht zum Erhalt des sozialen Bandes kann angenommen werden, auch ohne dass diese Ambivalenz überwunden wird. Die Pflicht, einander nicht zu zerstören, erwächst aus der irritierenden sozialen Form unseres Lebens und widerspiegelt sie zugleich, und sie hält uns zum erneuten Nachdenken darüber an, ob nicht der Selbsterhalt an den Erhalt des Lebens der anderen gebunden ist. Das Selbst des Selbsterhalts ist nicht zuletzt durch diese Verknüpfung, durch dieses unerlässliche und schwierige soziale Band, definiert.

Selbsterhalt als Basis von Gewalt und als Ausnahme vom Prinzip der Gewaltlosigkeit würde die Frage aufwerfen: Wer wäre dieses »Selbst«, das sich selbst und nur diejenigen erhält, die ihm bereits zugehören? Ein solches Selbst gehört nur sich selbst und denjenigen an, die sein Selbstgefühl erweitern, und damit ist es, selbst weltlos, eine Bedrohung für diese Welt.

4. Politische Philosophie bei Freud: Krieg, Zerstörung, Manie und das kritische Vermögen

Ich habe Bedenken, Ihr Interesse zu mißbrauchen, das ja der Kriegsverhütung gilt, nicht unseren Theorien. Doch möchte ich noch einen Augenblick bei unserem Destruktionstrieb verweilen, dessen Beliebtheit keineswegs Schritt hält mit seiner Bedeutung.

Sigmund Freud an *Albert Einstein*, 1932

In »Zeitgemäßes über Krieg und Tod«, verfasst 1915 inmitten des Ersten Weltkrieges, reflektiert Sigmund Freud über die Bindungen, die eine Gemeinschaft zusammenhalten, und über die destruktiven Mächte, die diese Bindungen durchbrechen.[1] Zu der Zeit, als er die Theorie des »Todestriebes« entwickelte, ab 1920[2] und dann ausführlicher im folgenden Jahrzehnt, war seine Sorge angesichts der destruktiven Fähigkeiten des Menschen stetig gewachsen. »Sadismus«, »Aggression« und »Destruktivität« wurden zu den Hauptvertretern des Todestriebs, der seine reifste Ausformulierung 1930 in *Das Unbehagen in der Kultur* fand.[3] Was er in *Jenseits des Lustprinzips* zehn Jahre zuvor einen

1 Sigmund Freud, »Zeitgemäßes über Krieg und Tod«, in: ders., *Gesammelte Werke* (GW) X, Frankfurt/M. 1999, S. 323-340.

2 Sigmund Freud, *Jenseits des Lustprinzips*, GW XII.

3 Sigmund Freud, *Das Unbehagen in der Kultur*, GW XIV.

»unüberwindbaren Teil der menschlichen Natur« genannt hatte, nimmt mit der Entfaltung einer dualistischen Metaphysik eine neue Form an; nun steht Eros, die Kraft, die immer komplexere menschliche Bindungen schafft, Thanatos gegenüber, der Kraft, die diese Bindungen zerstört. Eine nachhaltige politische Ordnung setzt voraus, dass soziale Bindungen relativ unangetastet bleiben können. Wie wird sie dann aber mit der von Freud beschriebenen destruktiven Kraft fertig?

Freuds Reflexionen über den Ersten Weltkrieg führten zu weiteren Einsichten in die Destruktivität. 1915 hatte er den Begriff des Todestriebs mit seinem vorrangigen Ziel der Schwächung sozialer Bindungen noch nicht eingeführt, aber er verzeichnet bereits die überwältigende und nie dagewesene menschliche Destruktivität seiner Zeit:

> Der Krieg, an den wir nicht glauben wollten, brach nun aus und er brachte die – Enttäuschung. Er ist nicht nur blutiger und verlustreicher als einer der Kriege vorher, infolge der mächtig vervollkommneten Waffen des Angriffes und der Verteidigung, sondern mindestens ebenso grausam, erbittert, schonungslos wie irgend ein früherer. Er setzt sich über alle Einschränkungen hinaus, zu denen man sich in friedlichen Zeiten verpflichtet, die man das Völkerrecht genannt hatte, anerkennt nicht die Vorrechte des Verwundeten und des Arztes, die Unterscheidung des friedlichen und des kämpfenden Teiles der Bevölkerung, die Ansprüche des Privateigentums. Er wirft nieder, was ihm im Wege steht, in blinder Wut, als sollte es keine Zukunft und keinen Frieden unter den Menschen nach ihm geben. Er zerreißt alle Bande der Gemeinschaft unter den miteinander ringenden Völkern und droht

> eine Erbitterung zu hinterlassen, welche eine Wiederanknüpfung derselben für lange Zeit unmöglich machen wird.[4]

Freuds Ausführungen sind aus vielen Gründen bemerkenswert, vor allem, weil sie eine Verschiebung in der Geschichte der Destruktivität festhalten: Destruktivität in dieser Form war bis dahin unbekannt gewesen. Mit neuen Waffen wuchs zwar die Zerstörungskraft gegenüber früheren Kriegen, aber das Ausmaß der Grausamkeit scheint Freud das gleiche zu sein; das Problem scheint also nicht darin zu liegen, dass die Menschen grausamer geworden sind, sondern darin, dass die Technik dieser Grausamkeit mehr Zerstörungskraft gibt als zuvor. Ein Krieg ohne diese Waffen wäre weniger zerstörerisch, aber nicht weniger grausam. Freud scheint also der Auffassung zu widersprechen, dass die Grausamkeit selbst durch neue Technologien zunimmt: Die Destruktivität nimmt neue und historisch wandelbare Formen an, aber die Grausamkeit bleibt die gleiche. Menschliche Grausamkeit allein kann also Destruktivität nicht erklären; auch die Technologie spielt dabei eine Rolle. Aber die spezifisch menschliche Fähigkeit zur Zerstörung ist auf die ambivalente psychische Konstitution des menschlichen Subjekts zurückzuführen. Für die Frage nach Möglichkeiten der Eindämmung der Destruktivität spielen also, insbesondere im Kontext des Krieges, Ambivalenz und Technologie eine Rolle.

Kriegführung gilt allgemein als für Nationen spezifische Handlung, aber die den Krieg antreibende blinde

4 Freud, »Zeitgemäßes«, S. 328 f.

Wut zerstört eben die sozialen Bindungen, die Nationen erst ermöglichen. Sie kann natürlich den Nationalismus einer Nation stärken, indem sie einen durch Krieg und Feindseligkeit gestützten vorübergehenden Zusammenhalt erzeugt, untergräbt jedoch zugleich die sozialen Beziehungen, auf denen Politik beruht. Die vom Krieg entfesselte Zerstörungskraft löst soziale Bindungen auf und führt zu Zorn, Rache und Misstrauen (»Erbitterung«), sodass unklar wird, ob Wiedergutmachung überhaupt noch möglich ist; damit werden nicht nur die in der Vergangenheit aufgebauten Beziehungen unterminiert, sondern auch die Möglichkeit der künftigen friedlichen Koexistenz. Freuds Bemerkungen gelten zwar dem Ersten Weltkrieg, aber er äußert sich auch zum Krieg ganz allgemein: Der Krieg »wirft nieder, was ihm im Wege steht«. In der Nichtbeachtung von Einschränkungen liegt für ihn tatsächlich eines der Ziele des Krieges. Die Soldaten müssen die Erlaubnis zum Töten bekommen. Welches auch immer die expliziten strategischen oder politischen Kriegsziele sind, sie erweisen sich als schwach im Verhältnis zur Zerstörungsabsicht; was der Krieg als Erstes zerstört, sind die Einschränkungen, denen die Zerstörung unterliegt. Sprechen wir zu Recht vom unausgesprochenen »Ziel« des Krieges, dann besteht dieses weder vorrangig in einer Veränderung der politischen Landschaft noch in der Errichtung einer neuen politischen Ordnung, sondern in der Vernichtung der sozialen Grundlage der Politik selbst. Diese Behauptung mag übertrieben scheinen, wenn wir beispielsweise an gerechte Kriege glauben, etwa an Kriege gegen faschistische oder völkermörderische Regime im Namen der Demokratie. Selbst dann aber sind das explizite Kriegsziel und die vom Krieg entfesselte Destruktivität nie ganz dasselbe. Auch der sogenannte »gerechte Krieg« geht mit dem Risiko von Zerstörungen einher, die über das ausdrückliche Kriegsziel, seinen wohl erwogenen Zweck hinausreichen.

Was immer der öffentliche und benannte Zweck eines Krieges sein mag, es ist immer auch etwas anderes am Werk, das Freud als »blinde Wut« bezeichnet. Diese Wut, die ein kriegführendes Volk oder eine kriegführende Nation antreibt oder sogar eint, reißt sie auch auseinander und richtet sich gegen ihre bewussten Selbsterhaltungs- oder Selbsterweiterungsziele. Diese Art Wut soll vorrangig bestehende Verbote und Beschränkungen der Zerstörung selbst überwinden, als hinderlich betrachtete soziale Bindungen zugunsten gesteigerter Destruktivität aufbrechen und die Zerstörung in eine absehbare Zukunft tragen, die sich als Zukunft der Zerstörung oder als Zerstörung der Zukunft selbst erweisen kann. Aus den ausdrücklichen begrenzten und vorläufigen Zielen der Kriegsführung heraus kann sich dieses andere Ziel, ja ein »Trieb« entwickeln, eine Destruktivität, die keine Grenzen mehr kennt. Auch wenn eine Gruppe oder eine Nation im Kriegszweck der Landesverteidigung oder des Sieges über den Feind vorübergehend Zusammenhalt gewinnt, kann sich aus diesem Zusammenhalt etwas über das Kriegsziel Hinausgehendes entwickeln, das nicht nur das soziale Band der bekriegten Gruppen, sondern auch das der eigenen durchbricht. Die »blinde Wut«, die Freud aus der griechischen Tragödie aufnimmt, weist auf den »Todestrieb« voraus, von dem er fünf Jahre später sprechen wird. Schon 1915 sorgt er sich über die Macht, die der Todestrieb gewinnt, wo er Zerstörungstechnologien in den Dienst nimmt, um Vernichtung über die ganze Welt zu bringen und die sozialen Bindungen niederzureißen, die die Destruktivität in Schach halten können. 1930 gilt seine Sorge ausdrücklich dem Völkermord, wie in *Das Unbehagen in der Kultur* zu sehen ist. Hier schreibt er:

> Die Schicksalsfrage der Menschheit scheint mir zu sein, ob und in welchem Maße es ihrer Kulturentwicklung gelingen wird, der Störung des Zusammenlebens durch den menschlichen Aggressions- und Selbervernichtungstrieb Herr zu werden. In diesem Bezug verdient vielleicht gerade die gegenwärtige Zeit ein besonderes Interesse. Die Menschen haben es jetzt in der Beherrschung der Naturkräfte so weit gebracht, daß sie es mit deren Hilfe leicht haben, einander bis auf den letzten Mann auszurotten.[5]

In der Ausgabe von 1931 fügt er noch die Hoffnung hinzu, dass »der ewige Eros eine Anstrengung machen wird, um sich im Kampf mit seinem ebenso unsterblichen Gegner zu behaupten«. Aber niemand, so Freud, kann den Ausgang dieses Kampfes voraussehen. Freud ging es klar um die Frage, wie der furchtbaren Destruktivität, wie er sie im Ersten Weltkrieg beobachten konnte und wie er sie für die 1930er Jahre in noch größerem Ausmaß befürchtete, etwas entgegengesetzt werden kann. Zum besseren Verständnis der Destruktivität blickt er nicht auf die Geschichte oder auf empirische Beispielfälle, sondern auf die »Triebe« – eine

5 Freud, *Das Unbehagen in der Kultur*, S. 506.

Bemühung, die bestenfalls spekulativ ist. Weshalb also der Blick auf das Triebleben? Für Freud sind die von Gruppen gegenüber sich selbst angeführten bewussten Gründe für ihr Handeln nicht identisch mit ihren handlungsleitenden Beweggründen. Daher muss das Nachdenken über die mögliche Vermeidung von Zerstörungen anderes bieten als bloß für das rationale Denken annehmbare Argumente. Es muss in irgendeiner Weise den Trieb berücksichtigen oder einen Weg finden, mit – und gegen – diese zwanghafte Destruktivität zu arbeiten, die in Krieg münden kann.

Die Skepsis gegenüber der Triebtheorie geht unter anderem auf die Verwechslung von Trieb und Instinkt zurück. Freud verwendet zwar beide Begriffe, aber der Triebbegriff erscheint weit häufiger, und Freud spricht nie von einem »Todesinstinkt«. In James Stracheys Übersetzung von Freuds Werken steht im Englischen für beide Begriffe »instinct«, was im englischsprachigen Raum einem biologistischen Verständnis und in manchen Fällen der Auffassung Vorschub geleistet hat, dass Triebe nach Freud einem biologischen Determinismus folgen. Freud macht aber in seinem Text »Triebe und Triebschicksale« deutlich, dass der Trieb (oder »Drang«) weder nur der Biologie noch einer vollständig autonomen psychischen Sphäre zugehört, sondern vielmehr ein »Grenzbegriff« zwischen somatischer und seelischer Sphäre ist.[6]

6 Freud schreibt: »Wenden wir uns nun von der biologischen Seite her der Betrachtung des Seelenlebens zu, so erscheint uns der »Trieb« als ein Grenzbegriff zwischen Seelischem und Somatischem«. Sigmund Freud, »Triebe und Triebschicksale«, GW X, S. 214.

Bis 1920 vertrat Freud die Auffassung, das Seelenleben sei durch Lust, Sexualität oder Libido bestimmt; erst als er mit Kriegsneurosen konfrontiert wurde, zog er Symptome in Erwägung, die durch zwanghafte Wiederholung gekennzeichnet sind und sich nicht als Wunscherfüllung oder Triebbefriedigung erklären lassen. Vor dem Hintergrund des Krieges entwickelte er dann also die Konzeption des Todestriebes, auch aufgrund von Überlegungen zur Destruktivität, insbesondere mit Wiederholungszwängen einhergehender Destruktivität, die er später in *Das Unbehagen in der Kultur* als »nicht erotische Aggression« charakterisierte.[7] Mit der ersten Formulierung der Todestriebtheorie in *Jenseits des Lustprinzips* suchte Freud nach einer Erklärung für Wiederholungshandlungen, die nicht im Dienst der Wunscherfüllung zu stehen schienen. Er war Patienten mit Kriegsneurosen begegnet, die traumatische Gewalt- und Verlusterfahrungen immer wieder in Formen durchlebten, die nicht eindeutig den durch das Lustprinzip erklärbaren Wiederholungen entsprachen. Diese leidvollen Wiederholungen entbehrten nicht nur der Befriedigung, sondern verschlimmerten zudem den Zustand des Patienten bis zu einem Punkt, an dem die Grundlagen seines organischen Lebens in Gefahr gerieten. Von hier ausgehend, entwickelte Freud die erste Version seiner Todestriebtheorie, nach der der Organismus die Rückkehr zu einem ursprünglichen anorganischen Status ohne jede Erregung anstrebt. Jeder menschliche Organismus strebt nach Rückkehr zu seinem Ursprung, sodass sich

7 Freud, *Das Unbehagen in der Kultur*, S. 479.

der Verlauf des Lebens letzten Endes als »Umweg zum Tode« erweist.[8] Sosehr der Mensch nach Wunscherfüllung und Erhaltung seines eigenen organischen Lebens strebt, gibt es auch Kräfte, die nicht der Wunscherfüllung dienen und die auf die Aufhebung der organischen Bedingungen des Lebens gerichtet sind, ganz gleich, ob dieses Leben das eines anderen, das eigene oder das der lebendigen Umwelt in ihrer dynamischen Komplexität ist.

Welcher Unterschied ergibt sich daraus, dass Freud nun eine weitere Tendenz in der menschlichen Psyche annimmt, die in einen Zustand vor dem individuierten Leben des menschlichen Organismus zurückstrebt? Seine Überlegungen zur Destruktivität konzentrieren sich auf die Möglichkeit der Zerstörung anderer Leben, insbesondere im Krieg mit seiner waffentechnologischen Erweiterung menschlicher Destruktivität. Die Kriegsneurotiker durchlebten die seelischen Folgen des Krieges und erlaubten Freud, darüber nachzudenken, wie sich Destruktion nicht nur gegen andere, sondern auch gegen einen selbst richtet. In der Kriegsneurose setzen sich die Kriegsleiden als durch unerbittliche Wiederholung geprägte traumatische Symptome fort: Man wird bombardiert, attackiert, belagert – alles Metaphern eines Krieges, der auf dem posttraumatischen Schauplatz weitergeht. Freud sieht hier den Wiederholungscharakter der Destruktion. Beim Patienten führt das zu Isolation und weiter gefasst nicht nur zur Schwächung des sozialen Bandes, das Gesellschaften zusammenhält, sondern auch zur Selbstzerstörung bis

8 Freud, *Jenseits des Lustprinzips*, S. 41.

hin zum Suizid. In dieser Art der Destruktion spielen Libido oder Sexualität eine verminderte oder verschwindende Rolle, und die für das politische Leben zentralen sozialen Bindungen lösen sich auf.

Gegen Ende von *Jenseits des Lustprinzips* stellt Freud nicht nur fest, dass jeder menschliche Organismus in einem bestimmten Sinn seinen eigenen Tod anstrebt, sondern auch, dass sich diese Neigung nicht auf die Sexualtriebe zurückführen lässt. Der Beweis für den Todestrieb, sagt er, findet sich im sexuellen Sadismus und allgenmeiner im Phänomen des Sadomasochismus.[9] Obgleich die Sexualisierung des Todestriebes seine Destruktivität den nach Freud nicht destruktiven Zielen der Sexualität unterordnen kann, kann es auch zur Vorherrschaft des Todestriebes kommen, eine Situation, die klar im Fall sexueller Gewalt zum Ausdruck kommt. Sowohl die Selbstzerstörung wie die Zerstörung des anderen sind potenziell im Sadomasochismus am Werk, was für Freud darauf hindeutet, dass im Sexualtrieb selbst ein anderer Trieb am Werk sein kann. Flüchtig und opportunistisch bemächtigt sich der Todestrieb des sexuellen Begehrens, ohne offen zutage zu treten. Eine sexuelle Beziehung mit dem ursprünglichen Begehren der Vereinigung wird so von zahllosen Formen der Selbstzerstörung durchbrochen, die in manifestem Gegensatz zu den ausdrücklichen Zielen der Liebenden stehen. Das zutiefst

9 Freud hatte dieses Phänomen zunächst in »Triebe und Triebschicksale« (1915) aus der Libidotheorie zu erklären versucht, seine Position aber mit der Einführung des Todestriebes in *Jenseits des Lustprinzips* (1920) und dann in »Das ökonomische Problem des Masochismus« (1924) revidiert.

Beunruhigende an offensichtlich selbstzerstörerischen Handlungen, die gerade die Bindungen auflösen, die man am meisten beibehalten will, ist nur eine alltägliche Spielart des Scheiterns, in dem sich der Todestrieb im Sexualleben kundtut.

In *Das Unbehagen in der Kultur* führt Freud den Sadismus erneut als »Vertreter« des Todestriebes ein, verknüpft ihn aber in diesem Spätwerk deutlicher mit den Konzepten der Aggression und Destruktivität. Darin kann man eine zweite oder spätere Fassung der Todestriebtheorie sehen. Aggression wird nicht mehr ausschließlich im Kontext des sexuellen Sadomasochismus gesehen, da wir, so Freud, »die Ubiquität der nicht erotischen Aggression und Destruktion« nicht länger »übersehen und versäumen« können.[10] Freud registriert die Eskalation von Feindseligkeit und Nationalismus ebenso wie das Erstarken des Antisemitismus in Europa. Diese Aggressionsformen sind nicht mit Lust oder der zugehörigen Befriedigung verbunden: »Dieser Aggressionstrieb ist der Abkömmling und Hauptvertreter des Todestriebes, den wir neben dem Eros gefunden haben, der sich mit ihm in die Weltherrschaft teilt.«[11] Was Freud nun »Eros« und »Thanatos« nennt, erscheint zwar in der Regel nicht voneinander getrennt, aber beide verfolgen gegensätzliche Ziele. Eros strebt die Zusammenführung oder Vereinigung getrennter Einheiten in der Gesellschaft an; er führt Individuen zu Gruppen und Gruppen untereinander im Dienst umfassenderer gesellschaft-

10 Freud, *Das Unbehagen in der Kultur*, S. 479.
11 Ebd., S. 481.

licher und politischer Formationen zusammen. Thanatos spaltet diese Einheiten und jede Einheit in sich. So existiert in jedem Aufbau einer sozialen Bindung zugleich eine Gegentendenz, die diese Bindung aufzulösen sucht: Ich liebe dich, ich hasse dich; ich kann ohne dich nicht leben, ich sterbe, wenn ich weiter mit dir lebe.

Freud geht dieses Problem in Bezug auf die Liebe auf zweierlei Weise an. Einerseits betont er in seinem ganzen Werk die konstitutive Ambivalenz aller Liebesbeziehungen. Das wird im Kapitel »Das Tabu und die Ambivalenz der Gefühlsregungen« in *Totem und Tabu* (1913) deutlich,[12] aber auch in »Trauer und Melancholie« (1917), wo der Verlust des geliebten Menschen mit Aggression verbunden ist.[13] Nach diesem Modell ist die Liebe selbst ambivalent.[14] Andererseits bezeichnet »Liebe« – ein anderer Begriff für »Eros« – nur den einen Pol dieser emotionalen Ambivalenz. Es gibt die Liebe und es gibt den Hass. Liebe meint also entweder die ambivalente Konstellation von Liebe und Hass oder sie bezeichnet nur einen Pol einer bipolaren Struktur. Freuds Position selbst scheint ambivalent, was vielleicht auf rhetorischer Ebene seine Behauptung untermauern soll. Tatsächlich wird die Paradoxie in seinem Werk nie ganz aufgelöst und bleibt fruchtbar. Symptomatisch tritt sie in seinem Spätwerk zutage: Liebe bindet eine Person an die andere, aber kraft ihrer inneren Ambivalenz birgt sie auch das Potenzial zur

12 Sigmund Freud, *Totem und Tabu*, in: ders., GW IX, S. 26-92.

13 Sigmund Freud, »Trauer und Melancholie«, in: ders., GW X, S. 437 ff.

14 Ebd., S. 438.

Zerstörung sozialer Bindungen. Und wenn es nicht die Liebe ist, die diese Bindungen zerstört, gibt es zumindest eine destruktive Kraft in ihr oder in Verbindung mit ihr, die Menschen zu Zerstörung und Selbstzerstörung bewegt, einschließlich der Zerstörung dessen, was sie am meisten lieben.

Dass Freud unentschieden in der Frage bleibt, ob Liebe diese Destruktivität enthält oder sich ihr entgegensetzt, verweist auf ein fortbestehendes Problem in seinen Gedanken über intime Liebesbeziehungen ebenso wie über die Massenpsychologie und ihre destruktiven Potenziale. Ist die destruktive Fähigkeit in Gruppenbindungen eine Art destruktive Bindung oder eher eine Macht, die »alle gemeinschaftlichen Bindungen durchtrennt«, ein antisozialer Impetus, der die sozialen Beziehungen belastet?

Was in der Psyche wendet sich gegen diese Auflösung sozialer Bindungen? In Freuds Sicht können Gruppen entweder ihre inneren Bindungen zerstören oder ihre Destruktivität gegen andere Gruppen richten. Beide Formen der Destruktivität, befürchtet er, gehen mit einer Schwächung der Kritikfähigkeit einher. Die Aufgabe, die sich Freud in seinen Arbeiten zur Gruppenpsychologie stellt, liegt also darin, die Widerstandskraft dieses kritischen Vermögens zu stärken. Liebe wird gelegentlich als Gegenkraft zur Destruktion betrachtet, an anderen Stellen scheint sie dieses so wichtige »kritische Vermögen« zu sein. In seiner Abhandlung *Massenpsychologie und Ich-Analyse* von 1921 beschreibt das »kritische Vermögen« Überlegung und Reflexion in unterschiedlichen Formen, während es in *Das Ich und das Es* aus dem Folgejahr mit dem Über-

Ich als grausamer Instanz gegenüber dem Ich in Verbindung gebracht wird. Schließlich wird das Über-Ich als »Reinkultur des Todestriebes« identifiziert, und nun ist das Gegengewicht gegen die Destruktion eine wohlerwogene Form der Selbstbeherrschung, das heißt die Wendung der Destruktivität gegen die eigenen destruktiven Impulse. Selbstbeherrschung ist damit eine absichtliche und reflektierte Form von Destruktivität, gerichtet gegen die Externalisierung destruktiver Ziele.[15] Anders gesagt wird die Einhegung der destruktiven Impulse, die früher in Freuds Werk durch »Verbote« erfolgte, mit Einführung des Über-Ich als psychischer Mechanismus der Grausamkeit verstanden. Die Aufgabe des Über-Ich ist die Umleitung seiner Zerstörungskraft gegen seine destruktiven Impulse. Das Problem bei dieser Lösung ist natürlich, dass die ungezügelte Wirkung des Über-Ich zum Selbstmord führen kann, indem die Zerstörung des anderen in Selbstzerstörung verwandelt wird. Einerseits scheint das »kritische Vermögen« durchaus die Handlungsfolgen zu beachten und Ausdrucks- und Handlungsformen zu überwachen, um Schaden zu verhüten. Andererseits ist sein Ziel als Ausdruck des Todestriebes potenziell für das Ich selbst zerstörerisch. Moderate Selbstbeherrschung kann in ungezügelte selbstmörderische Selbstherabsetzung umschlagen, wo der Todestrieb selbst nicht in Schach gehalten wird. Das bedeutet paradoxerweise, dass die kritische Instanz, die destruktive Impulse begrenzen soll, zu einem internalisierten Instrument der destruktiven Impulse wer-

15 Sigmund Freud, *Das Ich und das Es*, in: ders., GW XIII, S. 283.

den und das Leben des Ich selbst in Gefahr bringen kann. Daher müssen die Selbsterhaltungstendenzen des Eros als Gegengewicht zum Todestrieb und seinem Zerstörungswerk ins Spiel gebracht werden. Arbeitet das Über-Ich an der Zerstörung des Ich, um dessen destruktiven Ausdruck zu unterbinden, so ist es doch auch selbst destruktiv; das gefährdete Objekt ist nun aber nicht mehr der andere oder die Welt, sondern das Ich selbst. Das kritische Vermögen ist also für die Eindämmung der Destruktivität nur von begrenztem Nutzen, da es die Destruktivität des Über-Ich selbst nicht kontrollieren kann. Dazu ist eine Gegenkraft im Dienst der Selbsterhaltung und allgemein der Erhaltung des Lebens erforderlich. Ist diese Kraft die Liebe, oder ist sie eher Manie? Impliziert sie eine Desidentifikation oder die Einnahme einer neurotischen Position mit kritischer Distanz zum sadistischen Enthusiasmus in der Gesellschaft?

In *Massenpsychologie und Ich-Analyse*, etwa ein Jahr vor der Einführung der Über-Ich-Theorie verfasst, wirft Freud die Frage auf: Durch welchen Mechanismus wird das Grausamkeitsverbot geschwächt? Wie funktioniert er? Was meinen wir, wenn wir von einer »Gefühlswelle« sprechen, die eine Masse erfasst? Oder wenn bestimmte sonst unausgedrückte Leidenschaften in einer Masse »entfesselt« werden – wie ist das zu verstehen? Bedeutet »Entfesselung«, dass ein bestimmtes Begehren immer da war, nur eben in Schach gehalten? Oder ist auch die »Entfesselung« immer strukturiert und gibt sie so dem aufkommenden Begehren oder Zorn eine Form? Wenn wir feststellen, dass ein gewählter Volksvertreter eine neue Welle von Misogynie ausgelöst oder einem weit verbreiteten Rassismus Vorschub geleistet hat – welche Art Handlungsinstanz schreiben wir ihm dabei zu? Waren diese Erscheinungen immer schon da oder hat er sie geschaffen? Oder waren sie in bestimmten Formen da, um durch sein Reden und Tun eine neue Form anzunehmen? So oder so: Impulse sind strukturiert entweder durch die Macht, die sie »unterdrückt« (und sie damit in irgendeiner Weise benennt und formt), oder durch die Macht, die sie »befreit« (und ihnen damit einen spezifischen Sinn in Bezug auf die frühere Unterdrückung verleiht). In einem schlichten hydraulischen Modell, nach dem ein bestimmtes Energiequantum durch Aufhebung eines Hindernisses freigesetzt wird, ist der Impuls, zurückgehalten oder ausgedrückt, derselbe. Sobald aber die Mittel der Unterdrückung des Impulses eine Rolle spielen, das heißt wenn der Inhalt des Unterdrückten auf sie zurückgeht, schiebt der zuvor unterdrückte und nun freigesetzte Impuls nicht einfach die Beschränkung beiseite, sondern richtet einen organisierten Angriff gegen diese Macht und stellt ihre Gründe, ihre Legitimität und ihre Ansprüche infrage. Der so zutage tretende Impuls unterliegt also Interpretationen; es gibt hier keine rohe, unvermittelte Energie, die Mechanismen von Verbot oder Erlaubnis unterworfen werden muss. Dieser Impuls hat sich aktiv gegen die moralischen und politischen Ansprüche gewendet, die dem Verbot zugrunde lagen. Er hat beflissen gegen das kritische Vermögen gearbeitet, nicht nur gegen moralische Urteile und politische Wertsetzungen, sondern ganz allgemein gegen das reflektierende Denken, die beide ermöglicht. Der Impuls strebt nach Auflösung und Annullierung der moralischen Selbstbeherrschung, die ihrerseits die Grundlage für das ist, was Freud das »Über-Ich« nennt. Angesichts einer solchen Herausforderung für das Über-Ich scheint die Aufgabe in der Stärkung moralischer Restriktionen zu liegen, insbesondere der Restriktionen, die das Selbst sich selbst auferlegt. Komplizierter wird die Lage allerdings, sobald deutlich wird, dass das Über-Ich selbst potenziell zerstörerisch ist. Freud schreibt:

> […] daß das überstarke Über-Ich, welches das Bewußtsein an sich gerissen hat, gegen das Ich mit schonungsloser Heftigkeit wütet, als ob es sich des ganzen im Individuum verfügbaren Sadismus bemächtigt hätte. […] Was nun im Über-Ich herrscht, ist wie eine Reinkultur des Todestriebes, und wirklich gelingt es diesem oft genug, das Ich in den Tod zu treiben […].[16]

Welche Instanz ist überhaupt in der Lage, die schonungslose Gewalt eines Teils des Selbst gegen den anderen zu begrenzen? Freud beendet diesen Satz mit einer möglichen Einschränkung der Selbstzerstörung, nämlich dann, »wenn das Ich sich nicht vorher durch den Umschlag in Manie seines Tyrannen erwehrt«.

Er verweist hier auf seine Abhandlung »Trauer und Melancholie« (1917), wo er unterscheidet zwischen »Trauer« mit wacher Einsicht in die Realität des Verlustes eines Menschen oder eines Ideals auf der einen Seite und »Melancholie«, die die Realität dieses Verlustes nicht anerkennt, auf der anderen. In der Melan-

16 Ebd.

cholie wird der verlorene andere als Teil des Ich internalisiert (im Sinne von inkorporiert) und in der Folge wird in der Psyche durch gesteigerte Selbstvorwürfe der Bezug des Ich zum verlorenen anderen wiederholt und ins Gegenteil verkehrt. Der Vorwurf gegenüber der verlorenen Person oder dem verlorenen Ideal wendet sich gegen das Ich selbst; damit wird der Bezug als lebendiger innerpsychischer Bezug bewahrt.[17] Auch in dieser Abhandlung stellt Freud klar, dass die entfesselte Feindseligkeit gegen das Ich potenziell tödlich ist. Der Schauplatz der melancholischen Selbstherabsetzung wird damit zum Modell für die spätere Topografie von Über-Ich und Ich.

Die Melancholie besteht aus zwei gegensätzlichen Neigungen, der Selbstbeschimpfung, die zur Hauptaktivität des »Gewissens« wird, und der »Manie«, die die Bindung an das verlorene Objekt kappen will und sich aktiv vom verlorenen Objekt lossagt.[18] Die »Manie« mit ihren lebhaften Anklagen des Liebesobjekts und die gesteigerten Anstrengungen des Ich, die Bindung zum verlorenen Liebesobjekt oder Ideal abzubrechen, implizieren den Wunsch, den Verlust zu überleben und das eigene Leben nicht von ihm verschlingen zu lassen. Die Manie ist gleichsam der Protest des lebenden Organismus gegen seine mögliche Zerstörung durch ein entfesseltes Über-Ich. Schreibt sich im Über-Ich also der Todestrieb fort, widersetzt sich die Manie der gegen die Welt und das Selbst gerichteten Destruktivität. Die Manie sucht nach einem

17 Freud, »Trauer und Melancholie«, S. 435.
18 Ebd., S. 437 ff.

Ausweg aus dem Teufelskreis von Destruktivität und Gegen-Destruktivität.

Nur zu oft führt der Weg von der Melancholie zum Über-Ich, aber die Gegentendenz, die Manie, eröffnet vielleicht andere Möglichkeiten des Widerstands gegen die Zerstörung. Die manische Kraft, die den Tyrannen bezwingen will, ist in gewisser Weise die Macht des Organismus zur Durchbrechung der Bande, die mutmaßlich der Identifizierung dienen. Der Organismus selbst ist schon ein Schwellenbegriff zwischen Somatischem und Seelischem und seine Aktivität daher kein bloß naturalistisches Aufbäumen des rebellischen Lebens. *Desidentifikation* wird so zum möglichen Widerstand gegen die Mächte der Selbstzerstörung und ein Weg zur Sicherung des Weiterlebens des Organismus. In dem Maße, in dem die Manie Bindungen und die Identifikation mit dem Tyrannen und die Unterwerfung unter ihn durchbricht, übernimmt sie eine kritische Funktion: Sie stellt sich der Krise und sucht nach Lösungen, sie distanziert sich von einer Macht, die das Leben des Organismus bedroht. Das Über-Ich ist für Freud eine psychische Instanz, die als solche aber auch eine soziale Form annimmt. Die Tyrannei basiert auf psychischer Unterwerfung und zugleich nimmt das Über-Ich Formen der sozialen Macht wie die Tyrannei auf. Die kritische Instanz dagegen sucht die in die Selbstzerstörung führenden Bande zu durchbrechen, ohne dabei erneut in die soziale Destruktivität zu verfallen, von der sie befreien will. Die Kritik am Tyrannen ist daher oder ist möglicherweise eine Anwendung des kritischen Vermögens gegen das Über-Ich, ohne dessen lebensbedrohende Form der »Kritik« zu wiederholen.

So erweist sich die Manie als einzige Hoffnung im Kampf gegen das selbstmörderische und mörderische Über-Ich, das das Ich sonst mit seinen Urteilen in den Tod treiben würde, denn nur durch diese Macht kann ein Bruch mit dem Tyrannen und seiner Logik erreicht werden, die zur Struktur der Subjektivierung [*subjectification*] geworden ist.

Natürlich will ich keine Lanze für die Manie brechen, ich will nur betonen, dass sie uns hilft, die »unrealistischen« Formen der aufständischen Solidarität gegen autoritäre und tyrannische Herrschaftsformen besser zu verstehen. Der Tyrann ist schließlich ein Anthropomorphismus von Netzwerken der Macht und daher ist seine Überwindung »manisch«, sie baut auf Solidarität und muss Schritt für Schritt erfolgen. Und wenn das Staatsoberhaupt selbst ein tyrannisches Kind ist, das nach allen Seiten ausschlägt und dem die Medien mit gieriger Aufmerksamkeit auf Schritt und Tritt folgen, eröffnet sich damit ein weites Feld für diejenigen, die ein Netzwerk der Solidarität schaffen und sich aus dem Bann seiner strategischen Kontrollverluste lösen wollen. Soweit sich die Anhänger des verrückten Tyrannen mit dessen vorsätzlicher Missachtung des Rechts und jeglicher Begrenzungen seiner Macht und Zerstörungsmöglichkeiten identifizieren, gründet die Gegenbewegung in Desidentifikation.[19] Diese Formen der Solidarität beruhen nicht auf Identifikation mit der

19 Vgl. José Esteban Muñoz, *Disidentifications: Queers of Color and the Performance of Politics*, Minneapolis, MN 1999.

Führungsgestalt, sondern auf einer Desidentifikation unter dem Zeichen des »Lebens«, ohne deshalb bloß vitalistisch zu sein: Sie steht für ein anderes, ein künftiges Leben.

Identifikation gilt allgemein als wichtig für Empathie und die Aufrechterhaltung sozialer Bindungen, aber sie birgt auch destruktive Potenziale und ermöglicht ungestrafte Zerstörungsakte. Sicher muss man sich die unterschiedlichen Formen der Internalisierung genauer ansehen, die oft vorschnell als »Identifikation« bezeichnet werden. Die Internalisierung des verlorenen anderen oder des verlorenen Ideals in der Melancholie wahrt und belebt Feinseligkeit mit der Macht zur Zerstörung des lebenden Organismus selbst. Auch wenn also das Über-Ich die Externalisierung der Destruktivität begrenzt, bleibt es ein potenziell destruktives Instrument, das sich in selbstzerstörerischer – suizidaler – Weise in den Dienst eben der mörderischen Absichten stellen kann, die es in Schach halten soll. Freud zieht daraus den moralistischen Schluss, dass das Über-Ich immer ein schwaches Instrument zur Einhegung von Gewalt sein wird, es sei denn, wir optieren, ungeachtet der möglicherweise fatalen Folgen, für die *Gewalt des Über-Ich* statt für die Alternative, den externalisierten Ausdruck dieser Gewalt. Die Manie, wie sie im manischen Lebenswillen zum Ausdruck kommt, eröffnet uns jedoch eine andere Möglichkeit. Sie ist kein Handlungsmodell – es geht nicht darum, plötzlich manisch zu werden, als würde das direkt zu wirksamem politischem Widerstand führen. Das würde es nicht. In der Manie wird die Macht des Subjekts überschätzt und der Realitätsbezug geht verloren. Wo liegen aber die psychischen Ressourcen für die Loslösung von der gegenwärtigen naturalisierten Realität? Die »Wirklichkeitsfremdheit« der Manie verweist auf die Weigerung, den Status quo zu akzeptieren; sie gründet im und intensiviert bei demjenigen, der sich gegen gesteigerte Selbstvorwürfe wehrt, den Lebenswillen. Diese Grausamkeit gegen sich selbst oder diese Selbstzerstörung lässt sich vorübergehend auch mildern durch den Rückgriff auf die soziale Solidarität des Scheiterns, in der keiner von uns dem Ideal gerecht wird, und dieses gemeinsame Scheitern begründet unsere Solidarität und unseren Sinn für Gleichheit. Diese Abschwächung der Gewalt des Über-Ich erweist sich als nur vorübergehend, wenn diese Feindseligkeit in der Organisation einer Gruppe nicht in geordnete Bahnen gelenkt und eingedämmt wird, und sie kann eine tödliche Form annehmen. Überdies gibt es Gruppenbildungen, die diese destruktive Feindseligkeit gegen einen externalisierten Feind mobilisieren, wodurch die Zerstörung, ja Massenzerstörung von Leben möglich wird. Identifikation kann destruktive Potenziale bergen, wo eine Gruppe Identifikationsbindungen entwickelt, die in der Externalisierung ihrer eigenen Destruktionspotenziale gründen. Die anderen, mit denen sich eine Gruppe desidentifiziert, verkörpern diese Destruktion dann in gespenstischer Form, gleichsam in der Form einer (verleugneten) Anleihe von der Ausgangsgruppe. Identifikation kann aber auch anders verlaufen. Wo Desidentifikation etwa mit dem Hervortreten eines kritischen Vermögens einhergeht, das mit der Tyrannei bricht, setzt sie ihre eigenen Destruktionskräfte zur zielgerichteten Demontage tyrannischer Herrschaft ein.[20] Das kann im Rahmen der Solidarität des Empfindens geschehen und geschieht auch in diesem Rahmen, aber selbst hier haben wir es nie mit einer vollkommenen Form der Identifikation zu tun, sondern mit ambivalenten Bindungen, die zwar für Bündnisse erforderlich sind, aber zugleich mit dem Bewusstsein der förderlichen bzw. destruktiven Potenziale einhergehen, die sich aus diesem belasteten Bezug ergeben. Wo die gebannte Unterwerfung unter den Tyrannen durch Desidentifikation ausgesetzt wird, ist letztere zugleich manisch und kritisch.

Wird das Über-Ich als einziges mögliches Gegengewicht gegen die Destruktivität gepriesen, kehrt die Destruktivität in das Subjekt zurück und gefährdet seine Existenz. In der Melancholie wird die Feindseligkeit nicht externalisiert, aber hier wird das Ich zum Objekt einer potenziell mörderischen Feindseligkeit mit der Macht, das lebendige Ich, den lebenden Organismus selbst zu vernichten. Die Manie dagegen bringt dieses unrealistische Begehren, zu existieren und fortzudauern, ins Spiel, das sich scheinbar auf keine wahrnehmbare Realität stützen kann und keine guten Gründe für die Verankerung in einer bestimmten politischen Herrschaftsform hat. Von sich aus kann die Manie niemals Politik werden, ohne zugleich zu einer gefährlichen Form von Destruktion zu werden, aber sie bringt doch einen nachdrücklichen »Nicht-Realismus« in die Solidaritätsformen, die gewalttätige Regime zu Fall zu bringen suchen, indem sie trotz allem auf einer anderen Realität beharrt.

20 Ebd.

Freud wie Einstein geht es um die Einhegung der Destruktivität und um die Frage, ob ein anderer Trieb stärker sein kann als der Todestrieb und ob eine Stärkung des Gewissens nötig ist. Wir haben hier im Wesentlichen zwei Alternativen. Nach der einen müssen wir uns und andere zu Formen des Gewissens erziehen, die uns moralischen Abscheu gegen Gewalt einimpfen. Nach der anderen müssen wir Bande der Liebe stärken, um den Todestrieb und seine Mechanik zu überwinden. Wenn das Gewissen jedoch auch nationalistische, faschistische und rassistische soziale Bindungen stützen kann, wie soll das Gewissen dann Gewalt begrenzen? Gehorsam gegenüber einer tyrannischen Macht erfordert und verfestigt ein Subjekt, für das die Selbstunterwerfung zum moralischen Imperativ wird. Sich von tyrannischer Kontrolle zu befreien, geht mit dem Risiko der Auflösung dieser Subjektform einher, insbesondere wenn sie die Gestalt des Über-Ich angenommen hat. Könnten wir schlicht das Feuer der Liebe anfachen und Liebe zur stärkeren Macht machen, dann hätten wir eine Lösung. Aber Liebe ist, wie bemerkt, ambivalent, sie ist die Oszillation zwischen Liebe und Hass. Es scheint hier also um einen Weg zu gehen, mit dieser Ambivalenz zu leben und zu handeln, einen Weg, der Ambivalenz nicht als Zwickmühle, sondern als innere Teilung begreift, die eine ethische Orientierung und Praxis verlangt. Denn nur ethisches Handeln, das um sein eigenes destruktives Potenzial weiß, kann diesem widerstehen. Wer Destruktion immer bloß als Einwirkung von außen sieht, kann die ethische Forderung der Gewaltlosigkeit weder anerkennen noch nach ihr handeln. Gleichwohl bleiben Gewalt und Gewaltlosigkeit sowohl soziopolitische als auch psychische Probleme und daher muss die ethische Debatte auf der Schwelle von psychischer und sozialer Welt stattfinden.

Ebendieses Problem stellt sich in der Korrespondenz zwischen Freud und Einstein 1931/32, kurz vor Hitlers Aufstieg zur Macht und kurz vor beider Exil aus Österreich bzw. Deutschland.[21] Einstein stellt Freud die Frage: »Gibt es einen Weg, die Menschen von dem Verhängnis des Krieges zu befreien?«[22] Das Schicksal der Menschheit, klagt Einstein, liegt in den Händen einer »herrschenden Schicht«, die nach Macht strebt und sich jeder »Einschränkung der Hoheitsrechte« widersetzt. Freuds kritisches Urteil sei für diese Zeit, in der Europa erneut vor einem Weltkrieg stehe, von größter Wichtigkeit. Einstein will wissen, ob es im Triebleben der menschlichen Psyche eine Grundlage für eine politische Ordnung gebe, die Kriege effektiv verhindern könnte. Besonders interessiert ihn die Frage, ob man eine Vereinigung oder ein Tribunal schaffen könnte, mit dessen Hilfe sich die destruktive Macht

21 Einstein verließ Deutschland 1933, Freud verließ Wien 1938. Ihre Korrespondenz findet sich in »Warum Krieg?« (1933), Freuds Schreiben auch in ders., GW XVI, S. 11-27. 1931 hatte das »Comité permanent des Lettres et des Arts«, die »Internationale Kommission für geistige Zusammenarbeit«, Einstein zum Gedankenaustausch mit einem Vertreter des Geisteslebens seiner Wahl über Fragen der Politik und des Friedens aufgefordert, und Einstein hatte sich für Freud entschieden, dem er einige Jahre zuvor kurz begegnet war.

22 Albert Einstein, Sigmund Freud: *Warum Krieg?*, Zürich 1972, S. 15.

der Triebe in Schach halten ließe. Einstein sieht das Problem zunächst in den destruktiven Trieben, fragt aber auch nach politischen Institutionen und fordert, dass die einzelnen Nationen ihre Souveränität einer internationalen Körperschaft übertragen, die sich der Kriegsverhütung und der Garantie der internationalen Sicherheit verpflichten würde. Dieses politische Ziel lässt sich nur verwirklichen, wenn Menschen zur Schaffung und Anerkennung internationaler Einrichtungen mit den Mitteln zur Kriegsverhütung imstande sind. Wird diese Fähigkeit durch Neigungen oder Triebe unterlaufen, lassen sich Kriege möglicherweise gar nicht verhindern. Einstein, der Freud zweifellos gelesen hat, fragt, ob im Menschen »ein Bedürfnis zu hassen und zu vernichten« lebt, das »zur Massenpsychose gesteigert werden« kann. Er fragt sich, ob die Destruktionstriebe begrenzt werden können, aber auch, ob bestimmte Praktiken oder Institutionen geschaffen werden könnten, die einen Krieg erschweren würden. Gewalt, so Einstein, kann die Form von Kriegen zwischen Staaten annehmen, aber auch in Bürgerkriegen aus religiösem Eifer und in der »Verfolgung von nationalen Minderheiten« ausbrechen.[23]

Freud gesteht, dass er keine praktischen Vorschläge hat, aber seine Bemerkungen artikulieren doch eine politische Position. Er schlägt zunächst vor, Einsteins Unterscheidung zwischen Recht und Macht durch die Unterscheidung von Recht (der Begriff steht im Deutschen sowohl für das Rechtssystem als auch für Gerechtigkeit) und Gewalt zu ersetzen. Nach Freuds

23 Ebd., S. 20.

Darstellung wurden Konflikte zwischen Personen und Gruppen herkömmlicherweise gewaltsam gelöst, ein Mittel, das weniger oft zum Einsatz kam, als sich die Gruppenbildungen veränderten. Dann »führte ein Weg von der Gewalt zum Recht«, sodass »die Vereinigung mehrerer Schwachen« die größere Stärke einzelner wettmachte.[24] Gewalt »wird gebrochen durch Einigung« oder »die Macht dieser Geeinigten«, sodass es »nicht mehr die Gewalt eines Einzelnen ist, die sich durchsetzt, sondern die der Gemeinschaft«. Und weiter: »Aber damit sich dieser Übergang von der Gewalt zum neuen Recht vollziehe«, muss diese Einigung »eine beständige, dauerhafte sein«. Dazu muss eine psychologische Bedingung erfüllt sein, nämlich dass sich in der betreffenden Gruppe »Gefühlsbindungen [herstellen], Gemeinschaftsgefühle, in denen ihre eigentliche Stärke beruht«.[25]

In seinem Schreiben an Einstein – ein volles Jahrzehnt nach *Massenpsychologie und Ich-Analyse* – geht Freud nun davon aus, dass Gemeinschaften *nicht* durch Unterwerfung unter einen idealen Führer zusammengehalten werden, sondern im Gegenteil durch ihre Macht, Tyrannen oder autoritäre Herrscher zu stürzen und in der Folge gemeinsame und durchsetzbare Gesetze und Institutionen zu schaffen. Um einen Tyrannen zu stürzen und die Liebesbindungen an ihn zu durchbrechen, ist vielleicht eine gewisse Form von Manie erforderlich. Kann sich diese Manie in den »Gemeinschaftsgefühlen« und »Gefühlsbindungen«

24 Ebd., S. 28.
25 Ebd., S. 29.

entwickeln, die zu diesem Zweck erforderlich sind? Die Antwort scheint davon abzuhängen, wie wir die »Interessengemeinschaft« verstehen.[26] Freud vermutet, dass mit der Übertragung von Macht (nicht Gewalt) an immer größere Zusammenschlüsse die Angehörigen dieser Gruppe stärkere Solidaritätsgefühle entwickeln und aus ihnen heraus handeln. Einstein hatte von der Notwendigkeit zum Souveränitätsverzicht zugunsten größerer internationaler Organisationen gesprochen. Für Freud geht die Frage der Machtverteilung ebenfalls über das Modell der Souveränität hinaus. Mit dem Wachsen der Gemeinschaft und ihrer Fähigkeit, sich selbst zu regieren, in immer deutlicherer Abgrenzung, ja im Gegensatz zur Herrschaft eines einzelnen, basiert die Begrenzung der Destruktivität zunehmend auf dem »Gemeinschaftsgefühl«, wie es in selbst erlassenen und Grenzen ziehenden Gesetzen zum Ausdruck kommt. Es besteht aber weiterhin das Problem, dass es in der Gemeinschaft zu Gewaltausbrüchen kommen kann, etwa wenn Fraktionen aneinandergeraten oder wenn das Recht zum Aufstand gegen den Staat oder die internationale Körperschaft in Anspruch genommen wird, die die Hoheitsrechte von Staaten einschränkt.

Für Freud wie für Einstein scheint die Begrenzung der Gewalt mit der Einschränkung staatlicher Souveränität in einem internationalen Rahmen zusammenzufallen. Das zielt auf den im Souveränitätsgedanken selbst zum Ausdruck kommenden Anthropomorphismus der Macht. In den frühen 1930er Jahren waren

26 Ebd.

beide der Meinung, dass nationalistischer Eifer zu Gewaltausbrüchen führt, auch wenn keiner von ihnen schon wirklich die kommenden Formen staatlicher Gewalt in Faschismus und Nazismus erkennen konnte. Die internationale Körperschaft oder der »Gerichtshof«, den beide sich vorstellten, existierte bis zu einem gewissen Grad in den frühen 1930er Jahren in Form des Völkerbunds. Aber diese Institution bildete kaum eine letzte Machtinstanz, da sich staatliche Hoheitsrechte durch die bestehenden Institutionen nicht effektiv einschränken ließen. Ohne Vollzugsgewalt fehlen solchen Institutionen die eigenen Hoheitsrechte zur Kriegsverhütung – daher der Schluss, dass der Verzicht auf Souveränität zugunsten internationaler Beziehungen der einzige Weg zum Frieden ist. Einstein, der sich selbst als »von Affekten nationaler Natur freier Mensch« sah, betrachtete das Risiko einer internationalen Einrichtung als tragbar: »Der Weg zur internationalen Sicherheit führt über den bedingungslosen Verzicht der Staaten auf einen Teil ihrer Handlungsfreiheit beziehungsweise Souveränität, und es dürfte unbezweifelbar sein, daß es einen andern Weg zu dieser Sicherheit nicht gibt.« Anschließend spricht er über die Erfolglosigkeit dieser Bemühungen, die deutlich macht, »daß mächtige psychologische Kräfte am Werke sind«.[27] Freud ging es um ein besseres Verständnis von Gemeinschaftsgefühlen im Widerstand gegen Gewaltherrscher, das heißt um die Frage, ob diese Gefühle nicht in der Identifikation mit dieser anthropomorphen Gestalt unbegrenzter Macht gründet. Manie

27 Ebd., S. 18.

ist natürlich eine Form der Auseinandersetzung mit der Realität, und deshalb gehört sie in den Umkreis der Melancholie. Die Manie handelt wie bedingungslose Freiheit, nur um sich dann wieder dem Problem bedingten Lebens zuzuwenden. Was entscheidet aber über diese Bedingtheit? Und was, wenn die bestehenden Bedingungen der Freiheitsausübung infrage gestellt werden? Hier eröffnet sich ein flüchtiger Blick auf Utopia, flüchtig natürlich, aber deshalb doch nicht ohne politisches Potenzial.

Freud wendet sich in seinen Überlegungen zur Kriegsverhütung schließlich Gedanken zu, die er in seinen Überlegungen zur Massenpsychologie noch nicht verfolgt hatte: dem Widerstand gegen nationalistische Euphorie und der »organischen« Grundlage unserer menschlichen Natur. Und er kommt zum Schluss, dass der Kriegsneigung nur zweierlei entgegengesetzt werden kann: die Mobilisierung des »Eros« als »Gegenspieler« und die Herstellung von Gefühlsbindungen durch Identifizierung.[28] Eine Weiterentwicklung der Masse, so spekuliert Freud zu diesem Zweck, ist vielleicht durch Erziehung und die Kultivierung von Gemeinschaftsgefühlen nicht-nationalistischer Art möglich.[29] Ideal wäre, wenn jeder Angehörige einer Gemeinschaft Selbstbeherrschung übt, indem er einsieht, dass die Bewahrung des Lebens selbst ein Gut ist, das gemeinschaftlich gepflegt werden muss. Freuds Ideal einer Gemeinschaft, deren Mitglieder sich alle

28 Ebd., S. 41 f.

29 Zu Freuds Widerstand gegen den Nationalismus und den Zionismus vgl. Jacqueline Rose, *The Last Resistance*, London und New York 2007, S. 17-38.

gleichermaßen der Selbstbeherrschung im Namen der Lebensbewahrung verpflichten, eröffnet die Möglichkeit einer Demokratisierung der kritischen Urteilskraft und des kritischen Denkens, die nicht in der extremen Selbstherabsetzung des Über-Ich zum Zweck der Erreichung einer moralischen Position gründet. Hat er letztlich eine überzeugende Antwort auf die skeptische Position, nach der die destruktiven Mächte so tief im Triebleben verankert sind, dass kein politisches Arrangement sie wirklich im Zaum halten kann? Einerseits müssen wir uns, so Freud, auf die Liebe konzentrieren, die soziale Bindungen schafft und aufrechterhält, und auf die Identifizierung, die Gemeinschaftsgefühl schafft und aufrechterhält, und uns gegen den Hass (oder Thanatos) wenden, der unkontrolliert und gedankenlos soziale Bindungen zerreißt. Auf der anderen Seite betont er immer wieder, dass Liebe und Hass gleich konstitutiv für das Triebleben sind und dass sich Destruktivität nicht einfach durch Stärkung des Eros ausschalten lässt. Wir müssen nicht nur unser Leben oft in *aggressiver* Weise verteidigen und bewahren (das Ziel des Eros), sondern auch mit denjenigen zusammenleben, gegen die wir intensive feindselige und mörderische Impulse hegen.

In Freuds Ausführungen zu Identifizierung und Melancholie wird deutlich, dass alle Liebesbeziehungen Ambivalenzen bergen und in die beiden gegenläufigen Richtungen Liebe und Hass drängen. »Liebe« ist also ein Pol in der gegenläufigen Beziehung von Liebe und Hass. Sie bezeichnet aber auch den Gegensatz selbst, der als emotionale Ambivalenz mit all ihrer Wechselhaftigkeit ausgelebt wird. Man kann sagen: »Ich liebe dich und hasse dich deshalb nicht«, aber man kann auch sagen, dass Liebe und Hass aneinander gebunden sind und dass wir dieses Paradox meinen, wenn wir von »Liebe« sprechen. In der ersten Formulierung ist Liebe etwas Eindeutiges, in der zweiten entgeht sie der Ambivalenz nicht. Gibt es in diesem – wie immer auch vertrackten – Bezug beider Formulierungen für Freud so etwas wie eine umfassendere Konzeption der Liebe?

Freuds Sicht auf Destruktivität und Krieg scheint also zwei Folgerungen zu eröffnen, die aber beide nicht weiterverfolgt werden. Die erste lautet, dass ein Korrektiv gegen gesteigerten Nationalismus eben in der Ambivalenz liegt, im »Zerren« am sozialen Band nach einer bewussten Distanzierung von der diesbezüglichen Erregung und Feindseligkeit und vom restriktiven nationalistischen Rahmen. Man kann ein Land lieben und sich zugleich gegen seinen nationalistischen Eifer wenden; damit würde Ambivalenz im Dienst der kritischen Reflexion über die Möglichkeit des Krieges und der Verweigerung der Beteiligung an der Kriegsbegeisterung aktiviert. Die zweite Folgerung wäre die Konzentration auf den Hass gegen den Krieg selbst. Freud geht darauf in seinem Brief an Einstein indirekt in seiner eigenen Rhetorik ein. So schreibt er etwa: »[I]ch glaube, der Hauptgrund, weshalb wir uns gegen den Krieg empören, ist, daß wir nicht anders können. Wir sind Pazifisten, weil wir es aus organischen Gründen sein müssen.«[30]

Das ist gewiss eine weitreichende und fragwürdige Behauptung. Was tut Freud hier? Einerseits sagt er,

30 Freud, *Warum Krieg?*, S. 45.

dass der Todestrieb eine »unbezwingbare« Dimension unseres organischen Lebens ist; andererseits scheint es einen Lebenstrieb, einen vitalistischen Trieb zum Leben zu geben, der gegen die Bedrohung des Lebens selbst angeht. Nur ein Teil unserer organischen Natur will, dass wir Pazifisten sind, der Teil, der Gemeinschaftsgefühle hochschätzt und mit ihnen diejenigen, die sich gegen die Kräfte der Zerstörung und die anthropomorphe Faszination tyrannischer Macht wenden. Freud appelliert also an den Teil unserer organischen Natur, der pazifistisch sein könnte, wenn er die Oberhand über unsere destruktiven Impulse gewönne und sie in den Dienst des kollektiven Selbsterhalts stellen könnte.

Freud nimmt die organische Natur wegen ihres notwendigen Pazifismus in Anspruch; möglich ist das aber nur, wo das »Wachstum der Kultur« schon zu Abneigung gegen den Krieg und zum Gefühl für dessen Unerträglichkeit geführt hat. Erst eine schon *erzogene* organische Natur kann also Kriegsgefühle nicht mehr faszinierend finden, denn erst durch eine aufgeklärte Sichtweise können wir erkennen – und uns vorstellen –, welche Zerstörungen organischen Lebens mit dem Krieg einhergehen, und das erweist sich für Menschen im Licht ihres eigenen organischen Lebens als unerträglich. Einerseits macht uns das organische Leben zu Pazifisten, da wenigstens ein Teil unserer selbst die eigene Zerstörung nicht will (solange wir nicht unter der Herrschaft des Todestriebes stehen). Auf der anderen Seite begreifen wir die Konsequenzen der Zerstörung organischen Lebens erst durch einen kulturellen Prozess, der uns Einblicke in diese Destruktion eröffnet und uns damit ermöglicht, Widerwillen gegen sie zu entwickeln. Letzten Endes hofft Freud, dass eine andere Laune des organischen Lebens die Oberhand über den Todestrieb gewinnt, der ebendieses Leben selbst vernichten will, und er hofft, dass wir die Verbindung zwischen unterschiedlichen Formen organischen Lebens verstehen, verbunden in Abhängigkeitsbeziehungen in der gesamten Welt des Lebendigen. Seine Politik ist also eine Politik des lebenden Organismus und für den lebenden Organismus, auch wenn der Organismus hier und da auf den destruktiven Weg zum Tod gerät. Hass verschwindet nie ganz, aber seine negative Macht lässt sich zur Aggression gegen den Krieg bündeln – eine Destruktion gegen die andere. Diese Sicht wäre beispielsweise durchaus vereinbar mit einem aggressiven Pazifismus, Einsteins »militantem Pazifismus«.[31]

Auch Gandhi scheint einer ähnlichen Triebtheorie zu folgen, wenn er bemerkt: »Ich fand, dass mein Leben inmitten von Zerstörung beharrte und dass es daher ein höheres Gesetz als das der Zerstörung geben muss.«[32] Auch er bezieht sich auf »das Gesetz der Lie-

31 Vgl. Albert Einsteins Gespräch mit George Sylvester Viereck im Januar 1931, in dem er sagt: »Ich bin nicht nur Pazifist, sondern militanter Pazifist. Ich bin bereit, für den Frieden zu kämpfen. Nichts wird den Krieg beenden, wenn nicht die Völker selbst sich weigern, in den Krieg zu ziehen. Jede große Sache wird zunächst von einer aggressiven Minderheit vertreten.« In: Otto Nathan und Heinz Norden (Hg.), *Einstein on Peace*, Auckland 2017, S. 125.

32 Mahatma Gandhi, »My Faith in Nonviolence«, in: Arthur und Lila Weinberg (Hg.), *The Power of Nonviolence: Writings by Advocates of Peace*, Boston 2002, S. 45.

be«. Welche Form auch immer dieses »Gesetz« annehmen mag, es scheint die Form der rhetorischen Berufung auf das Recht, die Form der Petition zur Vermeidung von Zerstörung anzunehmen. Dieses Gesetz kann vielleicht nicht auf ein Rechtssystem zurückgreifen; es ist stattdessen, wie die Forderungen der organischen Natur, eine politische und ethische Rhetorik, die von Gewaltlosigkeit überzeugen und zu Gewaltlosigkeit nötigen will, und zwar eben dort, wo Gewalt ihre ganze Verführungskraft entfaltet.

Freuds Appell an Gewaltlosigkeit operiert ebenfalls in einem psychischen und sozialen Feld gegenläufigen Handelns. Das »Gesetz« gegen Gewalt lässt sich nicht kodifizieren oder anwenden. Es strukturiert den Appell selbst, die an den anderen gerichtete Rede, die ethische Bindung, die in ihm selbst vorausgesetzt ist und zum Leben erweckt wird. Das heißt nicht, dass es überhaupt keinen Platz für Destruktion geben kann, Destruktion als Bruch mit der Unterwerfung oder als Bloßstellung eines Unrechtsregimes. Das Subjekt, das einer mörderischen Macht gehorcht, richtet diese Gewalt gegen sich selbst und macht diese politische Macht zum Über-Ich, als einer Form verinnerlichter Gewalt. Der äußerste Zielpunkt des Über-Ich ist die Zerstörung des Ich und des lebenden Organismus selbst (Selbstmord oder Mord), aber die Aggression, die Freud am Schluss seines Briefwechsels mit Einstein im Sinn hat, ist von anderer Art. Wenn er die einzige Hoffnung zur Überwindung des Tyrannen in der Mobilisierung der Manie sieht (mit Klage über Klage, bis die souveräne Macht endlich nachgibt), eröffnet er einen kurzen Blick auf eine aufrührerische Solidarität gegen autoritäre und tyrannische Herrschaft und gegen Formen des Krieges, die das Leben selbst zu zerstören drohen. Der gegen den Krieg gerichtete Hass ähnelt vielleicht der Manie, die allein das Subjekt vom Gewaltherrscher befreien kann; beide brechen mit nationalistischen und militaristischen Formen sozialer Zugehörigkeit, indem sie einen Aspekt des kritischen Vermögens gegen den anderen wenden. Das kritische Vermögen im Namen der Demokratisierung des Dissenses steht gegen den Krieg und verweigert sich der Vergiftung durch den Nationalismus, es wendet sich gegen den Anführer, der verlangt, dass man seiner Kriegstreiberei folgt. So stellt sich Freud die Demokratisierung des kritischen Urteilsvermögens auf der Basis eines Gemeinschaftsgefühls vor, das sich gegen lebensbedrohliche Formen der Aggression einschließlich ihrer kritischen Äußerungsformen richtet. Sowohl Aggression wie Hass bleiben, gewiss, aber sie richten sich nun gegen alles, was Aussichten auf eine weiterreichende Gleichheit untergräbt und den organischen Fortbestand unserer miteinander verbundenen Leben gefährdet. Nichts jedoch ist hier garantiert, denn auch der Todestrieb scheint zum organischen Leben zu gehören. Erweist sich also das Organische als durch die Dualität von Leben und Tod angetrieben, sollte das kaum mehr überraschen. Unser Kampf als politische Geschöpfe ist der Kampf, den wir immer fortsetzen, ohne ihn ganz und gar bewusst zu begreifen; wir führen ihn in unseren Lebenspraktiken und Todespraktiken, auch wenn wir uns zuzeiten auf bewundernswerte und entscheidende Weise um Wachsamkeit bemühen.

Postskriptum: Gefährdung, Gewalt, Widerstand – noch einmal durchdacht

Wir leben in einer Zeit zahlloser Gräueltaten und sinnlosen Sterbens, weshalb eine der großen ethischen und politischen Fragen heute lautet: Mit welchen Repräsentationsformen lässt sich diese Gewalt fassen? Für manche sind globale und regionale Behörden gehalten, verletzliche Gruppen zu identifizieren und zu schützen. Ich bin nicht gegen die zunehmende Feststellung von Gefährdungslagen in sogenannten Vulnerability Papers, die einer größeren Zahl von Migranten Grenzübertritte ermöglichen, aber ich frage mich, ob man mit diesem besonderen Diskurs- und Machtinstrument wirklich zum Kern des Problems vorstößt. Die Kritik, nach der die Diskussion über »gefährdete Gruppen« paternalistische Macht nur reproduziert und Behörden mit ihren eigenen Interessen und Einschränkungen Entscheidungsbefugnisse überträgt, ist inzwischen weithin bekannt. Zugleich ist mir bewusst, dass viele Vertreter des Gefährdungsansatzes sich in ihrer empirischen und theoretischen Arbeit mit ebendiesem Problem beschäftigt haben.[33]

So wichtig die Beschäftigung mit Gefährdungen und Schutzmaßnahmen ist, scheint doch klar, dass weder Gefährdung noch Fürsorge die Basis einer Politik bilden können. Gewiss wäre ich gern ein besserer Mensch

33 Vgl. Martha Finemans Webseite mit der Darstellung der Arbeiten ihres Forschungsteams an der Emory University: »Vulnerability and the Human Condition«. Offizielle Webseite der Emory University: <web.gs.emory.edu/vulnerability>.

und würde mich darum bemühen, indem ich mir unter anderem meine offensichtlich tiefgreifende und unaufhörliche Fehlbarkeit vor Augen führe. Aber keiner von uns sollte ein Heiliger sein wollen, wenn das bedeutet, uns selbst alles Gute vorzubehalten und die fragwürdige oder destruktive Dimension der menschlichen Psyche äußeren Akteuren zuzuschieben, die nichts mit uns zu tun haben und von denen wir uns abgrenzen. Mit der Annahme etwa, mit einer Ethik oder Politik der »Fürsorge« würde und sollte eine stabile und konfliktfreie menschliche Disposition zu einem politischen Rahmen für den Feminismus führen, sind wir bereits in einer gespaltenen Realität, in der unsere eigene Aggression aus dem Gesamtbild entfernt oder auf andere projiziert wurde. Ähnlich einfach und effizient wäre es, Gefährdung zur Grundlage für eine neue Politik zu machen, obgleich sie als Zustand von anderen Bedingungen nicht isolierbar ist und auch nicht als Grundlage dienen kann. Ist irgendwer beispielsweise gefährdet, ohne fortdauernd in der Situation der Gefährdung zu sein? Und denken wir an diejenigen, die sich in einer Gefährdungslage dieser Gegebenheit widersetzen: wie haben wir diese Gleichzeitigkeit beider Situationen zu verstehen?

Es geht meiner Ansicht nach nicht darum, bestimmte Geschöpfe unter dem Banner der Gefährdung zu versammeln oder bestimmte Gruppen von Menschen unter dem Primärmerkmal der Gefährdung zusammenzufassen. Wenn wir der Gewalt ausgesetzte Menschen und Gemeinschaften auf diese Weise systematisierend beschreiben, werden wir ihnen damit gerecht? Respektieren wir die Würde ihres Kampfes, wenn wir sie unter der Kategorie »die Gefährdeten« zusammenfassen? In der Menschenrechtsarbeit umfasst die Kategorie der »gefährdeten Bevölkerungsgruppen« alle, die des Schutzes und der Fürsorge bedürfen. Natürlich ist es wichtig, ein öffentliches Bewusstsein für die Lage von Menschen zu schaffen, denen es an grundsätzlichen Dingen wie Nahrung und Unterkunft mangelt, aber erinnert werden muss auch an diejenigen, denen Bewegungsfreiheit und Staatsbürgerrechte verweigert werden und die im selben Zug sogar kriminalisiert werden. Tatsächlich werden immer mehr Flüchtlinge von immer mehr Staaten und Staatengemeinschaften sich selbst überlassen, unter anderem natürlich auch von der Europäischen Union. Der Hohe Flüchtlingskommissar der Vereinten Nationen schätzt die derzeitige Zahl der Staatenlosen auf annähernd 10 Millionen Menschen.[1] Ähnliches gilt für die Opfer des *feminicídio* in Lateinamerika (ca. 3000 jedes Jahr, mit besonders hohen Zahlen in Honduras, Guatemala, Brasilien, Argentinien, Venezuela und El Salvador). Dieser Begriff erfasst Menschen, die Gewalt erfahren oder getötet werden, weil sie feminisiert wurden, unter ihnen auch zahlreiche Transgenderfrauen.[2] Zugleich hat die Bewegung »Ni Una Menos« über eine Million Frauen in ganz La-

1 United Nations High Commissioner for Refugees, *Statelessness around the World*, UNHCR, amtliche Webseite, <unhcr.org>.

2 »Countries with the Highest Number of Murders of Trans and Gender-Diverse People in Latin America from January to September 2018«, Trans Murder Monitoring, November 2018, <statista.com/statistics/944 650/number-trans-murders-latin-america-country>. Vgl. auch Chase Strangio, »Deadly Violence against Transgender People is on the Rise. The Government isn't Helping«, ACLU, 21. August 2018, <aclu.org>.

teinamerika (und in Spanien und Italien) im Protest gegen machistische Gewalt auf die Straße gebracht. Die Bewegung mobilisiert Frauen und Transgemeinschaften (*travestis*) in Schulen, Kirchen und Gewerkschaften, um sie mit Frauen aller sozialen Schichten und Regionen zuammenzubringen und gemeinsam gegen die Tötung von Frauen und Transgenderpersonen, aber auch gegen Diskriminierung, körperliche Gewalt und systematische Ungleichbehandlung Widerstand zu leisten.

Todesfälle durch *feminicídio* erscheinen oft in der Sensationspresse und sorgen kurz für Empörung. Und dann wiederholt sich alles. Gewiss gibt es Abscheu dagegen, aber nicht immer in Verbindung mit Analyse und Mobilisierung, die den kollektiven Zorn bündelt. Der systemische Charakter dieser Gewalt wird verschleiert, wenn Männer, die derartige Verbrechen begehen, als gestörte Persönlichkeiten oder als pathologisch dargestellt werden. Dieselbe Verschleierung findet statt, wo ein solcher Todesfall als »tragisch« betrachtet wird, als hätten hier gegenläufige Kräfte im Universum zu einem unglücklichen Resultat geführt. In Costa Rica hat die Soziologin Montserrat Sagot die Auffassung vertreten, dass die Gewalt gegen Frauen nicht nur auf die systemische Ungleichheit zwischen Männern und Frauen in der ganzen Gesellschaft verweist, sondern auch Formen des Terrors zum Ausdruck bringt, die zum Erbe der Diktaturen und der militärischen Gewalt gehören.[3] In der Straffreiheit für brutale

3 Montserrat Sagot, »A rota crítica da violência intrafamiliar em países latino-americanos«, in: Stela Nazareth Meneghel (Hg.), *Rotas críticas: mulheres enfrentando a violência*, São Leopoldo 2007, S. 23-50.

Morde setzt sich ein Gewalterbe fort, in dem Vorherrschaft, Terror, soziale Gefährdung und Auslöschung an der Tagesordnung waren. Nach Sagot genügt es nicht, Angriffe wie diese mit individuellen Eigenheiten, Pathologien oder auch männlicher Aggression zu erklären. Diese Tötungsakte müssen vielmehr als Reproduktion einer Gesellschaftsstruktur verstanden werden, und sie ist ferner der Ansicht, dass es sich hier um Extremformen von sexistischem Terrorismus handelt.[4]

Für Sagot ist Tötung die extremste Form der Dominierung und andere Formen wie Diskriminierung, Belästigung und körperliche Gewalt sind im Kontext des *feminicídio* zu sehen. Das ist kein Kausalargument, aber jede Form der dominierenden Herrschaft verweist schon auf die Möglichkeit dieser tödlichen Folgen. Sexuelle Gewalt beinhaltet die Todesdrohung und sie verwirklicht sie nur zu oft.

Der *feminicídio* wird unter anderem durch ein Klima der Angst ermöglicht, in dem jede Frau, einschließlich Transfrauen, getötet werden kann. Besonders stark ist diese Angst unter weiblichen und queeren People of Color ganz besonders in Brasilien. Die Lebenden begreifen sich als *noch am Leben*, als existierend trotz dieser allgegenwärtigen Bedrohung, und sie leben und atmen in einer Atmosphäre potenziellen Unheils. Frauen, die in einem solchen Klima leben, werden dadurch, dass diese Tötungen oft straflos bleiben, bis zu einem gewissen Grad terrorisiert. Sie sollen sich den

4 Vgl. auch Julia Estela Monárrez Fragoso, »Serial Sexual Femicide in Ciudad Juárez: 1993-2001«, in: *Debate Femenista* 13:25 (2002).

Männern unterordnen, um diesem Schicksal zu entgehen; das heißt, dass ihre Erfahrung von Ungleichheit und Unterordnung schon zu ihrem Status als »tötbar« gehört. »Unterwirf dich oder stirb« mag übertrieben klingen, doch viele Frauen wissen genau, dass sie damit gemeint sind. Diese Macht zu terrorisieren wird nur zu oft durch eine Polizei und ein Gerichtswesen gestützt und gestärkt, die die Strafverfolgung verweigern und die fraglichen Handlungen nicht als Straftaten anerkennen. Manche Frauen erleiden nach rechtlichen Schritten erneut Gewalt und werden für ihren Mut und ihre Beharrlichkeit bestraft.

Töten ist der offensichtlich gewaltsame Akt in diesem Szenario, aber die Zahl dieser Akte würde nicht so schnell zunehmen ohne diejenigen, die die Verbrechen leugnen, die Opfer beschuldigen oder die Mörder pathologisieren, um sie von Schuld freizusprechen. Tatsächlich ist Straffreiheit nur zu oft Teil der Rechtsstruktur selbst (ein Grund, weshalb örtliche Behörden sich gegen das Eingreifen des Interamerikanischen Gerichtshofs für Menschenrechte wenden). Das bedeutet, dass sich in der Weigerung, Berichte entgegenzunehmen, in Drohungen gegen diejenigen, die solche Berichte erstellen, und in der Nichtanerkennung der Verbrechen diese Gewalt und diese Lizenz zum Mord fortschreiben. In solchen Fällen müssen wir die Gewalt im Akt selbst suchen, aber auch schon im Vorfeld, in der sozialen Dominierung von Frauen und feminisierten Menschen. Die fortgesetzte Abweisung durch das Rechtssystem und die Verweigerung der Anerkennung sind selbst Gewalt. Kein Bericht, das heißt: kein Verbrechen, keine Bestrafung und keine Wiedergutmachung.

Wenn sichtbar wird, wie der *feminicídio* zu sexuellem Terror wird, sind der feministische Kampf und der Kampf der Transgruppen nicht nur untereinander verknüpft (wie es auch sein soll), sondern auch mit dem Kampf queerer Menschen, derjenigen, die sich gegen Homophobie zur Wehr setzen, und der People of Color, die überproportional von Gewalt und Vernachlässigung betroffen sind. Wenn sich sexueller Terror nicht nur auf Dominierung bezieht, sondern auch auf Auslöschung, dann heißt das, dass sexuelle Gewalt im Rahmen einer komplexen Geschichte der Unterdrückung und des Widerstandskampfes zu sehen ist. So individuell und schrecklich jeder einzelne Verlust hier ist, sind diese Verluste doch Teil einer Gesellschaftsstruktur, in der Frauen als *unbetrauerbar* gelten. Der Gewaltakt setzt die Gesellschaftsstruktur um und die Gesellschaftsstruktur geht über die einzelnen Gewaltakte hinaus, in denen sie sich manifestiert und reproduziert. Diese Verluste hätten nicht passieren dürfen und sollten nie wieder passieren: *Ni Una Menos*.

Mein Beispiel wird der historischen Sonderstellung dieser Gewaltakte nicht gerecht, eröffnet aber vielleicht bestimmte hilfreiche Fragen, wenn wir die fortgesetzten Morde nicht als isolierte schreckliche Taten verstehen wollen. Die ethische und epistemologische Notwendigkeit eines globalen Bildes und einer globalen Erklärung für diese Realitäten betrifft auch die Tötungen in amerikanischen Gefängnissen und auf amerikanischen Straßen, für die die Polizei verantwortlich ist, die nur zu oft ihre eigenen Gesetze macht. Die rechtspopulistische Bejahung neuer Autoritarismen, neuer Sicherheitsargumente und neuer Befugnisse für

Sicherheitskräfte, Polizei und Militär (und ihrer Verschmelzung in der zunehmenden Überwachung des öffentlichen Raums) geht davon aus, dass solche tödlichen Institutionen erforderlich sind, um »das Volk« vor Gewalt zu »schützen«. Mithilfe solcher Begründungen werden aber nur die Polizeibefugnisse erweitert und die Menschen an den Rändern immer drastischeren Gefängnisstrategien und Beschränkungen unterworfen.

Lassen sich solche nekropolitischen Zielgruppenerfassungen benennen und bekämpfen, ohne eine Opfergruppe zu schaffen, die Frauen, queeren Menschen, Transpersonen und People of Color (ganz allgemein) ihre eigenen Netzwerke, Theorien und Analysen, ihre eigene Solidarität und ihre eigenen effektiven Oppositionskräfte abspricht? Die Polizei will die Bevölkerung vor Gewalt »schützen« und ihre Inhaftierungsbefugnisse dazu erweitern. Tun wir nicht unwissentlich etwas Ähnliches, wenn wir von »gefährdeten Bevölkerungsgruppen« sprechen und die Aufgabe dann darin sehen, sie von dieser Gefährdung zu befreien? Diese Aufgabe wird von einer Einrichtung oder Organisation übernommen, die Hilfe bereitstellt. Unterstützung zur Überwindung von Prekarität ist gut, aber werden damit auch die strukturellen Formen der Gewalt und eine Wirtschaftsordnung, die Bevölkerungsgruppen einer nicht mehr lebbaren Prekarität aussetzt, in den Blick genommen und bekämpft? Warum tun »wir« nichts gegen die paternalistische Option und schließen uns solidarischen Netzwerken gegen solche Formen der sozialen Dominierung und Gewalt an, gemeinsam mit denen, die zugleich gefährdet sind *und* kämpfen?

Sobald »die Gefährdeten« als solche konstituiert sind, sehen wir sie immer noch als mit eigenen Kräften ausgestattet? Oder ist die Macht in der Gefährdungslage ganz verschwunden, um als zum Handeln verpflichtete Macht paternalistischer Fürsorge wieder zum Vorschein zu kommen?

Und wenn die Lage der als gefährdet geltenden Menschen in Wahrheit eine Konstellation aus Gefährdung, Zorn, Beharrlichkeit und Widerstand ist, die denselben historischen Bedingungen entspringen? Man kann aber Gefährdung ebenso wenig aus dieser Lage *ableiten*, denn Gefährdung durchzieht und bedingt soziale Beziehungen, und ohne diese Einsicht können wir kaum erfassen, welche substanzielle Gleichheit hier gefragt ist. Gefährdung sollte nicht auf Passivität reduziert werden; der Begriff hat nur Sinn im Rahmen verkörperter sozialer Beziehungen, zu denen auch Widerstandspraktiken gehören. Der Blick auf Gefährdung als Bestandteil des verkörperten sozialen Bezuges und Handelns hilft uns zu verstehen, wie und warum ganz bestimmte Widerstandsformen entstehen. Dominierung wird nicht immer mit Widerstand beantwortet, aber wenn unsere eigenen Machtrahmen nicht mit erfassen, wie Gefährdung und Widerstand zusammenwirken können, übersehen wir möglicherweise, wo Gefährdung selbst Widerstandsmöglichkeiten eröffnet.

Vor diesem Hintergrund wird das enorme Ausmaß des organisierten Mangels und Todes an den Grenzen Europas deutlich, und klar wird auch, wie entscheidend, wenn auch vereinzelt, der Widerstand der Migranten und ihrer Verbündeten ist. 2017-2018 allein starben schätzungsweise 5400 Menschen beim Versuch, das Mittelmeer zu überqueren, eingeschlossen die vielen Kurden, die den Weg über das Meer gewählt haben.[5] Das Syrische Netzwerk für Menschenrechte berichtet, dass am 8. Jahrestag des Aufstands im März 2019 die Zahl der getöteten Zivilisten bei 221 161 lag.[6] Wir könnten hier neben dem *feminicídio* zahlreiche Beispiele anführen, die die Frage nach der Bezeichnung und Verfassung von im besonderen Maße Entrechtungen und Tod ausgesetzten Populationen aufwerfen. Zu nennen wären unter anderem die brutale Behandlung von Syrern und Kurden an der türkischen Grenze, der islamfeindliche Rassismus in Europa und den USA sowie sein Zusammengehen mit dem Rassismus gegen Migranten und Schwarze – all das führt zur Vorstellung entbehrlicher Populationen, die so gut wie tot oder bereits tot sind.

Zugleich haben die Gruppen ohne Infrastrukturunterstützung eigene Netzwerke und Handlungspläne geschaffen und sich mit dem internationalen Seerecht im Mittelmeer beschäftigt, um es für ihre Grenzübertritte nutzen zu können, indem sie Routen planen und Kontakte mit Unterstützern knüpfen, die beispielsweise Hinweise auf leerstehende Hotels ge-

5 Internationale Organisation für Migration, »Mediterranean Migrant Arrivals Reach 113,145 in 2018; Deaths Reach 2,242«, Offizielle Webseite der Internationalen Organisation für Migration 2018, <iom.int>; »Mediterranean: Deaths by Route«, Missing Migrants Project, <missingmigrants.iom.int>, aufgerufen am 15. Mai 2019.

6 Syrian Network for Human Rights, »Eight years since the start of the popular uprising in Syria. Terrible Violations continue«, Syrian Network for Human Rights, offizielle Webseite, 2019, <sn4hr.org>.

ben können. Die an den Grenzen Europas Gestrandeten stehen nicht unbedingt für das, was der politische Philosoph Giorgio Agamben als »bloßes Leben« bezeichnet, Menschen, denen jede Handlungsfähigkeit genommen und deren Leiden nicht anerkannt wird. Diese Menschen befinden sich vielmehr überwiegend in einer schrecklichen Lage; sie improvisieren ein Zusammenleben, nutzen Mobiltelefone und planen und handeln, soweit es eben möglich ist, sie lernen Sprachen, erstellen Karten. Nur zu oft werden ihnen auch solche Möglichkeiten verbaut, aber selbst in diesen Fällen bleiben Widerstandsmöglichkeiten dagegen, Möglichkeiten, in das Kraftfeld der Gewalt einzudringen, um es zu unterbrechen. Wo sie Papiere, Bewegungsfreiheit, Zugang verlangen, lassen sie ihre gefährdete Stellung nicht wirklich hinter sich, vielmehr *demonstrieren* sie diese offen mit ihr. Hier findet keine wundersame oder heldenhafte Überführung von Gefährdung in Stärke statt, sondern hier wird klargemacht, dass nur ein Leben, dem die erforderliche Unterstützung zuteilwird, *als Leben* fortgesetzt werden kann. Diese Unterstützung findet oft mit Körpereinsatz statt, indem man sich an Orten zeigt, an denen man der Polizeigewalt ausgesetzt ist, und sich weigert, diese Orte zu verlassen. Das Smartphonebild ist hier die virtuelle Einforderung tatsächlichen Lebens, und es zeigt zugleich, in welchem Maß dieses Leben von seiner virtuellen Verbreitung abhängt. Der Körper kann das Statement »Dies ist ein Leben« nur vorbringen, wo die Bedingungen dafür geschaffen werden können, das heißt, wo er sich in nachdrücklichen und öffentlichen Demonstrationen deutlich zeigen kann.

Ein Beispiel ist die auf Farsi, Arabisch, Türkisch, Deutsch, Französisch und Englisch erscheinende deutsche Zeitung *Daily Resistance* mit Artikeln von Flüchtlingen, die politische Forderungen erheben, unter anderem: die Abschaffung der Flüchtlingslager, das Ende der in Deutschland geltenden Residenzpflicht (mit starken Einschränkungen der Bewegungsfreiheit von Flüchtlingen), die Aussetzung sämtlicher Abschiebungen, Unterhaltsgeld für Flüchtlinge zu Arbeitsaufnahme und Studium.[7] 2012 nähten sich mehrere Flüchtlinge in Würzburg den Mund zu und protestierten so dagegen, dass die Regierung sich weigerte, mit ihnen in Dialog zu treten. Diese Geste wurde dann an anderen Stellen aufgenommen, so im März 2017 von iranischen Migranten in Calais, Frankreich, vor der Zerstörung und Räumung ihres Lagers. Ihre weithin geteilte Position ist, dass die Flüchtlinge ohne Reaktion vonseiten der Politik keine Stimme haben, denn eine Stimme, die ungehört bleibt, taucht nirgendwo auf und ist daher keine politische Stimme. Natürlich wurde das nicht mit diesen Worten ausgedrückt, aber die Betroffenen vertraten ihren Standpunkt doch mit einer verständlichen und sichtbaren Geste des Verstummens als Zeichen und Kern ihrer Forderungen. Dieses Bild des zugenähten Mundes zeigt, dass die Forderungen keine Stimme haben; damit ist der Gestus selbst eine stumme Forderung. Er zeigt bildlich die fehlende Stimme, um damit auf die politischen Einschränkungen der Hörbarkeit hinzuweisen. Wir se-

7 Vgl. meinen Text »Vulnerability and Resistance«, in: *Profession*, März 2014, <profession.mla.org>.

hen hier auch, wie ihre Position und zugleich die auferlegten Einschränkungen in einer Form theatralischer Politik artikuliert werden.

Ein weiteres Beispiel aus der Türkei ist der »stehende Mann« auf dem Taksim-Platz im Juni 2013, der zur Protestbewegung gegen die Erdogan-Regierung, ihre Privatisierungspolitik und ihren Autoritarismus gehörte. Der stehende Mann war der Performancekünstler Erdem Gündüz, der dem unmittelbar nach den Massenprotesten erlassenen Versammlungsverbot und öffentlichem Redeverbot folgte, mit dem Erdogan Grundrechte der Demokratie wie die Bewegungs-, Versammlungs- und Redefreiheit untergraben wollte. Da stand also dieser eine Mann, und zwar im vorgeschriebenen Abstand zu anderen, die ihrerseits diesen Abstand einhielten. Rein rechtlich bildeten sie keine Versammlung, und keiner sprach oder rührte sich. Was sie taten, war die perfekte Befolgung der Vorschriften, Hunderte auf dem ganzen Platz, genau im vorgeschriebenen Abstand voneinander. Effektiv führten sie das über sie verhängte Verbot vor Augen, indem sie sich ihm unterwarfen und es zugleich vor den Kameras, die nicht ganz verboten werden konnten, zur Schau stellten. Diese Demonstration hatte mindestens zwei Aspekte: Das Verbot wurde gezeigt, körperlich ausagiert, es wurde zur Schrift, und zugleich wurde Widerstand gegen das Verbot geleistet und vor Augen geführt, und das alles in dem durch die Smartphonekameras eröffneten visuellen Feld, mithilfe einer Technologie also, die vom Sprech- und Bewegungsverbot nicht erfasst wurde. Diese Performance beachtete und unterlief zugleich das verhängte Verbot. Sie demonstrierte die durch Mehrfachbindungen gekennzeichnete Position des unterdrückten Subjekts, indem sie die eigene Unterwerfung zugleich bloßstellte und unterlief.

In Fällen wie diesen tritt auch das Lebendigsein der Unterdrückten in den Vordergrund: Dieses Leben wird nicht in seiner Unterwerfung gefangen bleiben, ohne öffentliche Sichtbarkeit und Hörbarkeit; es wird ein *lebendiges* Leben sein, und das heißt, es ist noch nicht ausgelöscht und erhebt weiter Forderungen im Namen seiner eigenen Lebendigkeit. »Ich werde nicht einfach verschwinden« oder: »Mein Verschwinden wird eine lebhafte Spur hinterlassen, an der der Widerstand weiter wachsen wird« – die Körper, die sich so äußern, untermauern damit effektiv ihre Betrauerbarkeit in Öffentlichkeit und Medien. Die Exponierung der Körper bei Demonstrationen zeigt, welche Körper von Verhaftung, Abschiebung oder Tod bedroht sind. Denn der Körpereinsatz führt diese spezifische historische Gefährdung durch Gewalt vor Augen; er setzt die eigene performative und verkörperte Beharrlichkeit ein, um seinen Forderungen Nachdruck zu verleihen. Nicht die Unmittelbarkeit des Körpers erhebt diese Forderung, sondern der Körper als gesellschaftlich regulierter und im Stich gelassener, der Körper, der beharrt und sich dieser Regulierung widersetzt und damit seine Existenz für jedermann nachvollziehbar macht.[8] Er agiert als seine eigene *deixis,* als Verweis auf oder als Inkraftsetzung des Körpers in dieser seiner Lage: *Dieser* Körper ist es, *diese* Körper sind

8 Vgl. Lauren Wilcox, *Bodies of Violence: Theorizing Embodied Subjects in International Relations*, Oxford 2015.

es, die der Gewalt ausgesetzt sind und sich dem Verschwinden widersetzen. Diese Körper existieren immer noch, sie behaupten sich unter Umständen, die systematisch ihre Beharrungskraft untergraben.

Dieses Beharren ist kein heroischer Individualismus und kein Rückgriff auf ungeahnte persönliche Ressourcen. Der Körper in seinem Beharren ist weder Ausdruck des individuellen noch des kollektiven Willens. Gehen wir davon aus (und das ist zunächst eine ontologische Behauptung), dass der Körper unter anderem in Abhängigkeit von anderen Körpern existiert, von Lebensprozessen, deren Teil er ist, von Unterstützungsnetzwerken, zu denen er auch selbst beiträgt, dann heißt das, dass man individuelle Körper weder als vollständig voneinander getrennt noch als unterschiedslos miteinander verschmolzen verstehen kann. Ohne ein Verständnis der politischen Bedeutung des menschlichen Körpers im Kontext der Institutionen, Praktiken und Beziehungen, in denen er lebt und gedeiht, können wir nicht mit der erforderlichen Überzeugungskraft begründen, warum Mord inakzeptabel ist, warum man sich gegen Vernachlässigung wehren muss und warum prekäre Lagen entschärft werden müssen. Nicht nur ist dieser oder jener Körper in Beziehungsnetze eingebunden, sondern die Grenzen der Körper umfassen sie zugleich und setzen sie zueinander in Beziehung. Vielleicht eben durch seine Grenzen ist der Körper abgegrenzt und ausgesetzt gegenüber einer materiellen und sozialen Welt, die sein eigenes Leben und Handeln ermöglicht. Sind die infrastrukturellen Bedingungen des Lebens gefährdet, ist auch das Leben gefährdet, das diese Infrastrukturen braucht, und zwar nicht nur als äußere Stütze, sondern als immanentes Merkmal des Lebens selbst. Diese Materialität können wir nur auf eigene Gefahr verleugnen.

Die kritische Gesellschaftstheorie hat nicht immer berücksichtigt, in welcher Weise unsere Vorstellungen sozialer Beziehungen dem Leben und dem Tod zugrunde liegen. Denn dass sowohl das Leben wie der Tod sozial und gesellschaftlich organisiert sind und dass wir gesellschaftliche Formen von Leben und Sterben beschreiben können, ist hier nur ein Aspekt, wenn auch gewiss ein wichtiger. Klären wir aber nicht, was »das Soziale« in solchen Debatten sein soll, übersehen wir leicht, dass Todesgefahr und Lebensversprechen ganz wesentlich für die Beziehungen sind, die wir als »soziale« Beziehungen bezeichnen. Wir müssen also in gewisser Weise unsere konstruktivistischen Gewohnheiten verändern, um hier die Frage von Leben und Tod in den Blick zu bekommen, die Frage des körperlichen Existenzerhalts und seiner Voraussetzungen. Wo diese Voraussetzungen nicht geschaffen werden, ist der Existenzerhalt gefährdet.

Ein Recht auf Existenzerhalt wäre kein Recht von Individuen auf Kosten der sozialen Voraussetzungen. Der Individualismus erfasst gar nicht die Gefährdung, das Ausgesetztsein, ja die Abhängigkeit, die dieses Recht selbst schon voraussetzt und die, möchte ich sagen, einem Körper entsprechen, dessen Grenzen ihrerseits riskante und schwankende soziale Beziehungen sind. Ob ein strauchelnder und stürzender Körper durch Unterstützungsnetzwerke aufgefangen wird oder ob ein Körper sich ohne ständige Hindernisse bewegen kann, hängt davon ab, ob eine Welt für seine Schwerkraft und für seine Beweglichkeit bereitet wurde und ob diese Welt stabil genug ist. Durch unsere Haut sind wir von Anfang an den Elementen ausgesetzt, aber dieses Exponiertsein ist immer sozialer Art. Und jede Maßnahme gegen dieses Ausgesetztsein findet immer schon in Form einer sozial geregelten Beziehung statt, einer Beziehung, die Unterkunft, angemessene Kleidung, Gesundheitsversorgung vorsieht. Wenn wir nach dem Wesenskern des Körpers suchen, indem wir ihn auf seine Grundelemente, ja auf sein bloßes Leben reduzieren, stellen wir fest, dass eben hier, auf der Ebene seiner Grundbedürfnisse, der ganze Schauplatz schon durch die soziale Welt strukturiert ist. Grundfragen wie Mobilität, Ausdruck, Wärme und Gesundheit implizieren bereits den Körper in einer sozialen Welt, die unterschiedliche Wege eröffnet oder verbaut und die Kleidung und Unterkunft mehr oder weniger leicht und mehr oder weniger dauerhaft zugänglich und bezahlbar macht. Immer ist der Körper durch die sozialen Beziehungen definiert, die über seine Fortexistenz, seinen Unterhalt und sein Gedeihen bestimmen.

Das Gedeihen menschlichen Lebens ist auch an das anderer Lebewesen gebunden; menschliches und nicht-menschliches Leben stehen als Lebensprozesse miteinander in Beziehung, was für Forscher und Intellektuelle aller Fachgebiete zahlreiche Fragen in Hinblick auf verantwortungsbewusstes Handeln aufwirft. Der politische Begriff der Selbsterhaltung, der oft zur Rechtfertigung von Gewalt in Anspruch genommen wird, lässt unberücksichtigt, dass der Erhalt des Selbst den Erhalt der Erde voraussetzt und dass wir nicht als selbstgenügsame Wesen »in« der globalen Umwelt leben, sondern nur leben können, solange der Planet erhalten bleibt. Das gilt für alle Lebewesen, die zum Leben Boden und Wasser ohne Giftbelastung brauchen.[9] Wenn wir überleben, gedeihen, ja ein gutes Leben führen wollen, dann ist das notwendig ein Leben gemeinsam mit anderen, ein Leben, das ohne diese anderen gar keines ist. Das »Ich«, das ich unter diesen Gegebenheiten bin, geht dabei nicht verloren, im Gegenteil: Wenn ich Glück habe, wenn die Welt in Ordnung ist, wird dieses Ich durch seine konstitutiven Beziehungen zu anderen stetig unterstützt und verwandelt.

Die dyadische Beziehung ist nur ein Ausschnitt der ganzen Geschichte, der Teil, für den die Begegnung stehen kann. Das »Ich« braucht ein »Du«, um zu überleben und zu gedeihen, aber beide zusammen brauchen dazu auch eine sie tragende Welt. Vor dem Hintergrund dieser sozialen Beziehungen können wir über die umfassendere globale Pflicht zur Gewaltlosigkeit nachdenken, die wir gegeneinander haben. Ich kann nicht leben, wenn ich nicht mit anderen Menschen zusammenlebe, und zugleich birgt dieses Zusammenleben unweigerlich destruktive Potenziale. Die eine Gruppe kann nicht leben, wenn sie nicht mit einer anderen zusammenlebt, und das heißt, das eigene Leben ist in gewissem Sinn immer schon das Leben des anderen. Und dann sind da noch die immer zahlreicher werdenden Menschen, die ihre nationale Zugehörigkeit, ihren Lebensraum verloren haben, durch Bom-

9 Donna Haraway, *Das Manifest für Gefährten: Wenn Spezies sich begegnen*, Berlin 2016.

ben, durch Raub, diejenigen, denen jede Zugehörigkeit zu irgendeiner der für sie wichtigen Kategorien entzogen wurde und die mit unerträglichen Verlusten in eine neue Sprache hineingeworfen werden, alle in einen Topf geworfen als »Staatenlose«, »Migranten« oder »Ureinwohner«.

Unsere potenziellen Bindungen über Räume geopolitischer Gewalt hinweg können unbewusst und zerbrechlich sein, belastet durch Paternalismus und Macht, aber sie können durch transversale Formen der Solidarität gestärkt werden, die den Vorrang und die Notwendigkeit der Gewalt infrage stellen. Die nach wie vor bestehenden Gefühle der Solidarität anerkennen den grenzüberschreitenden Charakter unserer Bündnisse und die anhaltende Notwendigkeit von Übersetzung, aber auch die epistemischen Grenzen, die hier zu Fehlschlägen, Instrumentalisierung und Auslöschung führen können. Gefährdung nicht als Eigenschaft des Subjekts, sondern als Merkmal sozialer Beziehungen bedeutet nicht Gefährdetsein als eigene Identitätsform, als Kategorie oder Grundlage politischen Handelns. Das Beharren unter Bedingungen der Gefährdung erweist sich vielmehr als eigene Art von Stärke, eine Stärke, die sich eben nicht aus Unantastbarkeit ableitet. Diese letztgenannte Form von Beherrschung schreibt Formen der Dominierung fort, die zu bekämpfen sind, die jene Formen von Empfänglichkeit und Ansteckung entwerten, die Solidarität und verändernde Bündnisse ermöglichen.

In ganz ähnlicher Weise gründet das Vorurteil gegen Gewaltlosigkeit als passiv und nutzlos implizit in geschlechterspezifischen Verknüpfungen von Männlichkeit und Aktivität, Weiblichkeit und Passivität. Die Verkehrtheit dieser binären Gegensätze lässt sich durch keine Umwertung überwinden. Die Macht der Gewaltlosigkeit, ihre Kraft, liegt vielmehr im Widerstand gegen Gewaltformen, die nicht beim Namen genannt werden. Gewaltlosigkeit enthüllt die Täuschungen, mit denen die Staatsgewalt sich gegen People of Color, queere Menschen, Migranten, Obdachlose und Abweichler zur Wehr setzt, als konzentriere sich in ihnen zusammen alle Destruktivität und als müssten sie »aus Sicherheitsgründen« verhaftet, eingesperrt oder ausgewiesen werden. Gandhis »Seelenstärke« war nie ganz getrennt von körperlicher Beharrlichkeit, vom Leben im Körper und von Standfestigkeit gegen Angriffe auf die Grundlagen des Fortlebens selbst. Weiterexistieren gerade in der Irritation sozialer Beziehungen kann letzten Endes den Sieg über gewaltsame Macht bedeuten.

Die Verknüpfung von Gewaltlosigkeit mit einer Kraft oder Stärke, die etwas ganz anderes als destruktive Gewalt ist und sich in solidarischen Widerstandsbündnissen und Standfestigkeit manifestiert, ist die Widerlegung der Behauptung, Gewaltlosigkeit sei nichts als schwache und wirkungslose Passivität. Verweigerung ist nicht Nichtstun. Wer in den Hungerstreik tritt, verweigert die Reproduktion des Körpers des Gefangenen und klagt damit einen Strafvollzug an, der bereits die Existenz des Gefangenen untergräbt. Der Streik mag gar nicht wie eine »Aktion« aussehen, zeigt aber seine Macht, indem er Arbeit verweigert, die für die Fortführung kapitalistischer Ausbeutung wesentlich ist. Ziviler Ungehorsam mag wie schlichtes

»Aussteigertum« aussehen, macht aber die Ungerechtigkeit eines Rechtssystems öffentlich und muss dazu ein außerrechtliches Urteil fällen. Den Zaun oder die Mauer zu durchbrechen, die Menschen draußen halten sollen, ist die Geltendmachung eines außerrechtlichen Anspruchs auf Freiheit, die das bestehende Rechtssystem nach seinen eigenen Regeln nicht zugesteht. Der Boykott eines Regimes andauernder Kolonialherrschaft mit immer weitergehender Enteignung, Vertreibung und Entrechtung einer ganzen Bevölkerung ist die Feststellung der Ungerechtigkeit dieses Regimes und die Weigerung, sich an seinem kriminellen Vorgehen als Normalfall zu beteiligen.

Um der Kriegslogik mit ihrer Unterscheidung zwischen erhaltenswertem und entbehrlichem Leben zu entgehen, muss Gewaltlosigkeit Teil einer Politik der Gleichheit werden. Eine Intervention in der Sphäre der Erscheinung, in den Medien und dem sich rasch verändernden heutigen öffentlichen Raum, ist erforderlich, damit aus jedem Leben ein betrauerbares Leben wird, ein Leben, das sein eigenes Leben verdient. Die Forderung, dass jedes Leben betrauerbar sein muss, bedeutet mit anderen Worten, dass kein Leben in seinem Fortbestand der Drohung von Gewalt, systemischer Vernachlässigung oder militärischer Auslöschung unterworfen sein sollte. Als Gegengewicht gegen die todbringende Phantasmagorie, die nur zu oft Polizeigewalt gegen Gemeinschaften von People of Color, militärische Gewalt gegen Migranten und staatliche Gewalt gegen Dissidenten rechtfertigt, braucht es ein neues Imaginäres, ein egalitäres Imaginäres, das der Interdependenz alles Lebens gerecht wird. Unrealistisch und nutzlos, ja, aber möglicherweise doch ein Weg zu einer anderen Realität, die nicht auf instrumentelle Logik und »rassische« Phantasmagorien baut, die staatliche Gewalt reproduzieren. Das »Unrealistische« eines solchen Imaginären ist seine Stärke. Nicht nur würde in einer solchen Welt jedes Leben Gleichbehandlung mit jedem anderen und das gleiche Recht auf Leben und Gedeihen verdienen. Auch wenn diese beiden Möglichkeiten klar zu unterstützen sind, ist ein weiterer Schritt erforderlich: Jeder einzelne ist von Anfang an anderen überantwortet, ist sozial und abhängig, ohne jedoch wissen zu können, ob diese für das Leben unabdingbare Abhängigkeit Ausbeutung oder Liebe ist.

Echte Solidarität setzt keine wechselseitige Liebe voraus. Die Entwicklung eines kritischen Vermögens, der Kritik selbst, ist an die irritierende und kostbare Beziehung der Solidarität geknüpft, in der unsere Gefühle sich mit ihren ambivalenten Grundlagen auseinandersetzen können. Wir können immer auseinanderlaufen, eben deshalb strengen wir uns an, beisammenzubleiben. Nur so haben wir eine Chance, in einem kritischen Gemeinwesen zu bleiben, in dem Gewaltlosigkeit der Wunsch nach dem Lebenswunsch des anderen ist, eine andere Art zu sagen: »Du bist betrauerbar, dein Verlust ist nicht hinnehmbar, ich will, dass du lebst, ich will, dass du leben willst, nimm meinen Wunsch als deinen, denn deiner ist schon meiner.« Das »Ich«, das bist nicht du, aber dieses »Ich« ist ohne das »Du« undenkbar – weltlos, unhaltbar. Ob wir also in Zorn oder Liebe befangen sind – wütender Liebe, militantem Pazifismus, aggressiver Gewaltlosigkeit, radikalem Beharren –: hoffen wir, dass wir diese Bindung so leben, dass wir mit den Lebenden leben können, die Toten nicht vergessen, standfest inmitten von Trauer und Zorn, auf dem steinigen und verstörenden Weg gemeinsamen Handelns im Schatten des Verhängnisses.

Namenregister

Agamben, Giorgio 235
Alexander, Marissa 150
Anderson, Elizabeth *63*
Arendt, Hannah 170 f., *171*
Aron, Lewis *106*
Asad, Talal 175, *175*
Athanasiou, Athena *131*

Balibar, Étienne *25*, 133, 155, 169-171, *169*, 185
Barad, Karen *100*
Bargu, Banu *37*
Benjamin, Walter 32 f., *32*, 44, 85, 133, 155-157, 159-165, *160*, *161*, *162*, 167 f., 171 f., 177 f.
Berlant, Lauren *122*
Bland, Sandra 152
Borch-Jacobsen, Mikkel *106*
Boys, Jos *58*
Brown, Wendy 9, *61*
Brugère, Fabienne *93*

Calkins, Mary Whiton *41*
Castoriadis, Cornelius *137*
Cavarero, Adriana *54*, *82*
Caygill, Howard *19*
Cornell, Drucilla *137*
Cover, Robert M. 155, 165-167, *165*
Crenshaw, Kimberlé Williams 151, *152*
Crépon, Marc *82*
Crimp, Douglas *136*
Critchley, Simon *106*
Crow, Scott *27*
Crusoe, Robinson *25*, 45 f., 70
Cvetkovich, Ann *136*

Dalton, Dennis *36*
Davis, Angela 7
Davis, Shantel 152
Derrida, Jacques 34, *35*, 138
Dooley, Mark *106*
Dorlin, Elsa *20*, 25, *25*, *29*

Edelman, Lee *122*
Einstein, Albert 41, 57, 189, 212-217, *213*, 220, 222 f., 222
Eng, David *129*
Engels, Friedrich *25*
Engster, Daniel *93*
Ertür, Başak *37*

Fanon, Frantz 24, 39, 43, 133, 139, 144-146, *145*, 148, 180, *181*
Ferenczi, Sándor *106*
Fernandes, Leela *36*
Fineman, Martha *93*, *225*
Foucault, Michel 133, 139-143, *140*, *141*, *143*, *144*, 146-148, *147*, 153
Fraser, Nancy *66*
Freud, Sigmund 43, 50, 55, 96, 108-110, *109*, 112, 123, 125, *125*, 135, 189-203, *189*, *191*, *194*, *195*, *196*, *197*, *198*, *199*, *200*, *202*, 205-

207, 206, 209, 212-224, *213*, *218*, *220*
Frosh, Stephen *81*

Gambetti, Zeynep *37*, *64*
Gandhi, Mahatma 7, *12*, *35*, 36, *36*, 222, *222*, 244
Garner, Eric 149
Gilmore, Ruth Wilson *140*
Gordon, Linda *66*
Gramsci, Antonio 85, *85*
Guenther, Lisa *174*
Gündüz, Erdem 237

Haggerty, LaTanya 152
Haraway, Donna *178*, 242
Harris, Adrienne *106*
Haynes, William J. *174*
Hegel, Georg Wilhelm Friedrich 127, 170
Hewlett, Nick *25*
Hitler, Adolf 213
Hobbes, Thomas 44, 47 f., 48, 53, 55 f., 160, 169-171, 185

Isaacs, Susan 50

Kafka, Franz 119
Kant, Immanuel 43, 66, 101-103, *101*
Kearney, Richard *106*
King, Martin Luther, Jr. 7, *36*
Klein, Melanie 43, 50 f., *82*, 105, 113-119, *114*, 121-125, *123*, 127, *127*

Lacan, Jacques 50, 59, *59*
Laplanche, Jean 50, *50*
Lévinas, Emmanuel *106*

Locke, John 48
Loraux, Nicole *131*

Mahmood, Saba 9
Malabou, Catherine *143*
Martin, Trayvon 150
Marx, Karl *25*, 45 f., *46*, 53
Mbembe, Achille 153, *153*
Memmi, Albert 66, *66*
Meneghel, Stela Nazareth *228*
Merleau-Ponty, Maurice 145
Merton, Thomas *12*
Monárrez Fragoso, Julia Estela *229*
Muñoz, José Esteban *208*
Murji, Karim *147*

Nathan, Otto *222*
Nevarez, Gabriella 152
Norden, Heinz *222*

Ödipus 68
Omi, Michael *147*

Pateman, Carole *55*
Peroni, Lourdes *93*
Pontalis, Jean-Bertrand *50*
Proctor, Sheneque 153

Rasmussen, Kim Su *147*
Reddy, Chandan 13, *14*
Ritchie, Andrea 151
Rivière, Joan *114*
Rose, Jacqueline 122, *123*, 127, *127*, *218*
Rousseau, Jean-Jacques 45, *45*, 47-49, *49*
Roustang, François *106*

Sabsay, Leticia *37*, 64
Sadler, Gregory *48*
Sagot, Montserrat 228 f., *228*
Scola, Angelo *82*
Scott, Walter 149
Sharp, Gene *13*
Solomos, John *147*
Starobinski, Jean 45, *45*
Stoler, Ann *147*
Strachey, James 195
Strangio, Chase 227

Thoreau, Henry David *36*
Thornton, Christy *97*
Timmer, Alexandra *93*
Tronto, Joan C. *93*
Trump, Donald 111

Vaughan, C.E. *49*
Viereck, George Sylvester 222

Weber, Max 85, *85*
Weinberg, Lila 222
Wilcox, Lauren *238*
Williams, Malissa 152
Winant, Howard *147*
Winter, Yves *25*

Yoo, John *174*

Zimmerman, George 150

Rahel Jaeggi

- Entfremdung. Zur Aktualität eines sozialphilosophischen Problems. Mit einem neuen Nachwort. stw 2185. 337 Seiten
- (zus. mit Nancy Fraser) Kapitalismus. Ein Gespräch über kritische Theorie. Herausgegeben von Brian Milstein. Aus dem Amerikanischen von Jürgen Schröder. stw 2307. 329 Seiten
- Kritik von Lebensformen. stw 1987. 451 Seiten

Zhao Tingyang

- Alles unter dem Himmel. Vergangenheit und Zukunft der Weltordnung. stw 2282. 266 Seiten

NF 123/2/11.21